FULL CONTACT

FULL CONTACT

Técnicas y preparación para el combate

GIORGIO PERRECA
DANIELE MALORI

Textos de Francesco Gibiino

TUTOR

Editor: Jesús Domingo
Coordinación editorial: Paloma González
Revisión técnica: Luis García Romeral

Primera edición: enero 2000
Segunda edición: enero 2002

Título original: *Full Contact. Tecniche e preparazione al combattimento*

© 1993 *by* Edizioni Mediterranee. Roma

© 2000 de la versión española
   by Ediciones Tutor, S.A.
   Marqués de Urquijo, 34. 28008 Madrid
   Tlf: 91 559 98 32. Fax: 91 541 02 35
   E-mail: tutor@autovia.com

 Socio fundador
de la World Sports Publishers' Association
(WSPA)

Traducción de Macarena Gómez-Centurión para Seven
Diseño de cubierta: Digraf

ISBN: 84-7902-246-9
Depósito legal: M-48819-2001
Impreso en EFCA
Impreso en España - *Printed in Spain*

Los autores agradecen de modo especial la colaboración a todos aquellos que han hecho posible la realización de este libro: Attilio Cristini, *fotógrafo;* Francesco Gibiino, *periodista;* Ennio Falsoni, *presidente W.A.K.O.;* Giovanni Canonico, *editor;* Faress Italia, *equipos deportivos*

NOTA A LOS LECTORES

Este libro está dedicado a la disciplina del FULL CONTACT, en la que al atleta se le permite golpear al adversario exclusivamente en el tronco y en la cara con técnicas de piernas y de brazos.

Existe otro libro de los mismos autores sobre el KICK BOXING, disciplina en la que también es posible golpear con las piernas a las extremidades inferiores (low kick).

Además, a falta de otra denominación específica, a los practicantes de la disciplina del FULL CONTACT se les denomina kick boxer.

Índice

LA PREPARACIÓN TÉCNICA

**GIORGIO
PERRECA**

**DANIELE
MALORI**

Siguiendo los consejos técnicos de sus hermanos mayores, Franco, practicante de boxeo, y Massimo, de kárate, a la edad de 14 años Giorgio empieza, sin quererlo, a entrenar Full Contact, mezcla de estos dos deportes de combate.

Un año más tarde tiene la suerte de conocer a uno de los atletas más fuertes de ese período: Daniele Malori. Con él inicia la verdadera práctica del Full Contact y paralelamente la del boxeo inglés con el Maestro Cesare Frontaloni. Con 15 años de edad, se convierte en el Campeón Italiano A.I.K.A.M., entonces la única federación italiana de Full Contact. En 1980, se pasa a la nueva federación: la W.A.K.O.

A partir de entonces, las victorias de Giorgio son sucesivas: título italiano, europeo, mediterráneo y 2 campeonatos del mundo de aficionados.

Pasa a la categoría profesional en 1989 y conquista el título mundial batiendo a uno de los más fuertes aún en activo, el húngaro Yanosh Gonczy.

Ha defendido el título muchas veces victoriosamente, dedicándose en los últimos años también al kick boxing, del que es campeón europeo.

Empieza a practicar el Karate Goju Ryu en 1971, ganando los Campeonatos Italianos F.I.K. para atletas noveles en la categoría de los 75 kg.

En 1975, conseguido el cinturón negro, gana los Campeonatos Italianos en la misma categoría. En 1976 se le convoca para la Selección Nacional. En 1977 está en el equipo que gana los Campeonatos Italianos para Cinturones Negros. En este período llega de América la nueva disciplina deportiva denominada Karate-contact. Malori participa en los primeros Campeonatos Italianos, organizados por la A.I.K.A.M., ganando en la categoría de hasta 81 kg. Con el objetivo de perfeccionar la técnica de brazos, acude al Maestro de boxeo Cesare Frontaloni.

En 1979 gana los segundos Campeonatos Italianos. Abandona el Kárate para dedicarse totalmente al Full Contact. En 1979, participa en los Campeonatos Europeos en Viena, llegando a lo más alto de su carrera. Después de esta experiencia, Daniele Malori se pasa a la enseñanza en el gimnasio del Maestro Frontaloni, con el que colabora hasta que, con su amigo y alumno Giorgio Perreca, abre un gimnasio propio.

ENNIO FALSONI - Presidente de la W.A.K.O.
Nace en Marmirolo (Mantua) el 4 de abril de 1946, reside en Monza y trabaja en Milán, donde es socio de la Sport Promotion dirigiendo la revista de Artes Marciales "Samuraï". Es uno de los periodistas más importantes del ambiente, profesión que alterna con la promoción de eventos deportivos. Es editor de muchas publicaciones en el sector. Es uno de los socios fundadores de la Federación Italiana de Artes Marciales (1974) después de ser un campeón de kárate (pluricampeón italiano, 3 veces campeón de Europa y vicecampeón del mundo por equipos), y desde 1984, es el presidente de ésta. También es el presidente de la *World Association of Kickboxing Organizations*, el máximo organismo mundial.

Introducción

¿QUÉ ES EL FULL CONTACT?

LA HISTORIA DEL FULL CONTACT

El "full contact", una de las disciplinas de combate más en boga hoy en día, está considerado, más bien impropiamente, como una de las diferentes Artes Marciales. Pero, mientras en lo referente a los orígenes del Judo, Karate, Kung-Fu y Taekwondo se suele decir: "los orígenes se pierden en la noche de los tiempos...", en el caso del Full Contact no es así. Éste es un arte propiamente occidental, nacido y crecido en la cultura americana que lo ha generado. De hecho, el "full contact" nace oficialmente el 14 de septiembre de 1974 en Los Ángeles. En uno de sus gimnasios se celebraron los primeros Campeonatos del Mundo profesionales de este nuevo deporte, que tuvieron como primeros héroes a los americanos Joe Lewis, Bill Wallace y Jeff Smith.
Los tres eran ya reconocidos campeones de Kárate y fueron los primeros en enfundarse los guantes y colocarse las protecciones de manos y pies (ideados al objeto por el coreano John Ree) y en afrontar los golpes.
Es sabido que en el kárate los golpes van dirigidos al adversario con gran velocidad y determinación, pero se deben detener a unos milímetros de dicho adversario. Sin embargo, en el Full Contact Karate ha desaparecido el concepto de "control" de los golpes para darlos de hecho.
El inventor de este nuevo deporte-espectáculo fue Mike Anderson, un americano de Oklahoma con sangre india en sus venas, también practicante de Taekwondo, atleta discreto, organizador, además de periodista de artes marciales y editor. Mike Anderson sabía lo que la gente quería y, además, como buen hombre de negocios, también sabía que la única forma de hacer dinero con el kárate era tener, a parte de un buen público, unos esponsors. Y no hay esponsor si no hay televisión. Consiguió el milagro de tener una noche a 12.000 espectadores que habían pagado su entrada, a algunas estrellas de Hollywood como Telly Savalas y Jack Nicholson al borde del ring y a la televisión retransmitiendo su evento.
Fue un éxito.
Mike Anderson tenía un amigo europeo, el berlinés Georg Bruckner (a quien había conocido en su estancia en Frankfurt), el cual llevó a Los Ángeles a tres europeos para luchar con los americanos, lo que supuso, poco después, el lanzamiento del "full contact kárate" en Europa.

En 1975, Bruckner organizó en la Deutschlandhalle de Berlín un primer Europa-USA de full contact, seguido por una demostración similar en el Coubertin de París, promovida con la colaboración de Dominique Valera (una leyenda viviente del kárate francés que traspasó sus armas y su bagaje al nuevo deporte).
Y entre los europeos y el "full contact" hubo amor a primera vista.

NACE LA W.A.K.O.

Mike Anderson había empezado en la nueva disciplina partiendo de los profesionales. Poco después fundó la *Professional Karate Association* (PKA) que tenía como objetivo coordinar y promover el nuevo deporte en sus aspectos profesionales, pero ninguno, hasta ese momento, había pensado en la gran cantidad de practicantes, en los aficionados, en los amateurs, en todos aquellos que van al gimnasio (y que son la gran mayoría) para practicar una disciplina sin veleidades atléticas. Por esta razón nació en 1976 en Berlín la WAKO (World All-Style Karate Organization), que en un principio quería hacer competencia a otro organismo mundial de karate, la WUKO (World Union of Karate-Do Organizations).
La WUKO representaba entonces al organismo mundial de kárate que estaba en manos de los japoneses (que habían inventado el kárate); en cambio, la WAKO era un símbolo de occidentalización del kárate, en manos de los europeos y los americanos.
Pero bien pronto, el "full contact kárate" suscitó en Europa las reacciones y la competencia del kárate tradicional, el de las manos desnudas, para prohibirlo. En Francia, en concreto, donde el kárate ya estaba reconocido por el Ministerio de Deportes, surgió contra su presidente Jacques Delcourt (todavía hoy presidente de la WUKO) una batalla legal para impedir el uso de la palabra "kárate" asociada al "full contact".
En 1980, en el Congreso mundial que se celebra en Londres, se decide, para evitar posteriores problemas con las diferentes federaciones de kárate existentes (y sobre todo considerando también el hecho de que, mientras tanto, la disciplina había crecido y había adquirido métodos propios que no tenían nada que ver con el kárate), abandonar definitivamente la palabra "kárate" asociada al "full contact" y llamar a la nueva disciplina (que comprende otras posibilidades deportivas como el *semi* y el *light contact* y el *low kick*) simplemente *KICKBOXING*, término inglés que significa "lanzar patadas y puñetazos".
Por tanto, la sigla se modificó (obviamente no en su abreviación): y definitivamente ésta se quedó en *World Association Kickboxing Organizations*, el organismo mundial que cuenta con 53 países miembros.
La WAKO siempre ha demostrado saber adaptarse a los cambios y a la continua transformación que han sido necesarios. De hecho, a partir de 1991, se decidió abolir la distinción entre atletas "aficionados" y atletas "profesionales". Se decidió dejar a los diferentes Campeonatos Europeos y Mundiales de la WAKO "abiertos" incluso a aquellos que militan como "profesionales".
Y, por esta razón, los Campeonatos WAKO son tan duros y tan válidos: los vencedores son seguramente grandes campeones. Y en este punto hay que

recordar que Giorgio Perreca, uno de los autores de este libro, ha ganado dos medallas de oro en los Mundiales WAKO (en Londres en 1983 y en Budapest en 1985) y una medalla de bronce en 1987 en Mónaco de Baviera y además detenta el título mundial WAKO profesional desde 1989, una demostración del absoluto valor de este campeón, uno de los diamantes del movimiento del full contact italiano, actualmente director técnico de la FIAM para el sector del low kick, además de un reconocido maestro de Kickboxing. En Italia, la WAKO está representada por la FIAM (Federación Italiana de Artes Marciales), que cuenta con 350 clubes de todas las regiones italianas y 11.000 afiliados, cifra en constante aumento. Su presidente es Ennio Falsoni, un reconocido campeón de kárate de los años 60 y 70, que también es el presidente de la WAKO desde 1984, sucediendo en la dirección de la prestigiosa sigla al berlinés Georg Bruckner.

Las cualidades psicofísicas del kick boxer

RESISTENCIA AERÓBICA Y ANAERÓBICA

La *resistencia aeróbica* es la cualidad física que permite efectuar un esfuerzo en condiciones aeróbicas durante el mayor tiempo posible. Es decir, sucede cuando el proceso de producción de energía necesaria para el funcionamiento de los músculos se realiza mediante la reducción del material energético, presente en el organismo por obra del oxígeno que respiramos.
Los elementos que determinan después el grado subjetivo de resistencia aeróbica son el aparato respiratorio, la eficacia del aparato cardiocirculatorio y, naturalmente, la sangre, que tiene la misión de irrigar y restaurar los tejidos.
La *resistencia anaeróbica* actúa en el momento en el que la energía obtenida mediante el citado proceso ya no es suficiente para el trabajo que hay que desarrollar, por lo que, en ausencia de oxígeno, la energía necesaria se obtiene de la división directa del glucógeno.
Además de la energía desarrollada por el esfuerzo muscular, tal proceso genera también ácido láctico, cuya presencia en los músculos y en la sangre provoca una notable disminución de la capacidad de trabajo.
Para la mejora de la resistencia aeróbica es fundamental un trabajo continuado, útil para la capilarización, y un entrenamiento a intervalos, para el desarrollo del volumen del corazón y de su capacidad funcional.
Puede ser sumamente útil también el Sparring Condicionado, típico trabajo en el ring, no demasiado intenso pero continuado y de larga duración.
En lo que se refiere a la resistencia anaeróbica, se necesita en cambio unos ritmos de trabajo bastante elevados, con una intensidad del esfuerzo tal, que lleve al latido cardíaco por encima de las 180 pulsaciones por minuto.

FUERZA

La fuerza es una de las cualidades fundamentales para el kick boxer, que la desarrolla subjetivamente en relación con sus propias características psicofísicas.
Para conseguir el desarrollo de la potencia muscular se recomienda el trabajo con pesas, con cargas medias; pocas repeticiones a un ritmo sosteni-

do. Con el mismo tipo de carga pero con muchas repeticiones y a un ritmo lento obtendremos, en cambio, un aumento de la resistencia muscular.

Para conseguir tanto la resistencia como la velocidad son necesarias muchas repeticiones a un ritmo elevado con la misma carga de trabajo.

POTENCIA

La potencia es importante aunque no fundamental para un kick boxer. Como hemos dicho, se desarrolla a través del uso de cargas ligeras y medias, con pocas repeticiones y a la máxima velocidad de ejecución posible para cada movimiento.

Verdaderamente, la velocidad se debe considerar determinante para una preparación óptima del atleta. Ésta, por ser una característica puramente natural, se puede mejorar con la repetición constante de las mismas técnicas hasta llegar a un perfecto automatismo que permite la ejecución de estos ejercicios sin disminuir nunca el ritmo.

MOVILIDAD ARTICULAR Y AGILLIDAD MUSCULAR

Los ejercicios para el desarrollo de la movilidad articular pueden ser "activos" o "pasivos" dependiendo de la intervención voluntaria o guiada desde el exterior de los músculos que entran en acción.

Para una adecuada agilidad de los músculos resulta perjudicial un excesivo tono muscular y una tensión nerviosa fuerte.

El kick boxer debe tener además una habilidad motora que le permita ejecutar una gran cantidad de trabajo mediante un esfuerzo energético relativamente bajo.

Para hacer esto debe entrenarse en condiciones inusuales, realizar ejercicios acrobáticos, trabajar con el sparring en un ring muy estrecho, combatir con atletas diferentes, ya sea técnica o físicamente.

ELASTICIDAD

De gran importancia para el kick boxer es la elasticidad de los músculos, que se desarrolla mediante impulsos laterales, frontales y perpendiculares tanto de las extremidades inferiores como de las superiores.

Igualmente válidos son ejercicios como las flexiones, las torsiones, los doblamientos, las inclinaciones y los saltos; todo esto garantiza un alto coeficiente de agilidad para cada parte del cuerpo.

RAPIDEZ DE REFLEJOS

Es casi innecesario precisar que la rapidez de reflejos sea una cualidad imprescindible para un kick boxer.

Ésta se desarrolla entre los 18 y los 30 años.

Los guantes, las figuras y el Sparring Condicionado son los principales métodos de entrenamiento para mejorar esta cualidad del atleta.

COORDINACIÓN

En cada persona que quiera practicar este deporte es necesaria una notable coordinación de base entre las extremidades inferiores y las superiores.
De ahí la importancia de las técnicas en combinación, que se tienen que hacer con soltura, casi bailando.
Obviamente, también es importante una predisposición del atleta, que puede ser ayudado con un aumento gradual de las dificultades y con un intenso y constante trabajo de perfeccionamiento de las diferentes técnicas.

HABILIDAD Y DESTREZA MOTORA

La habilidad motora es aquella característica que permite realizar una gran cantidad de trabajo mediante un esfuerzo enérgico relativamente pequeño. Para estimular esta cualidad, el kick boxer debe entrenarse en condiciones inusuales; por ejemplo, realizar ejercicios acrobáticos, trabajar con el sparring en un ring muy estrecho, combatir con atletas diferentes, ya sea técnica o físicamente, etc.
También puede ser útil la práctica de deportes técnicos como el baloncesto, el tenis y la gimnasia artística. Son de absoluta importancia, a nivel general –y no sólo en lo que se refiere al kick boxing–, la experiencia, las ganas de ganar, de afirmarse, la inteligencia y la capacidad de recibir los input externos. Sin estos requisitos ningún individuo puede esperar llegar muy lejos, tanto en el deporte como en la vida.

Los cinturones y la carrera

LOS CINTURONES

El período de práctica realizado por cualquier atleta se evidencia por medio de la consecución de los cinturones, diferenciados por los diversos colores. El paso de cinturón se consigue con un examen propiamente dicho que se realiza ante una comisión técnica, la cual juzga sobre la capacidad del atleta para llevar el siguiente cinturón.

Junto con el cinturón, se le da al atleta un diploma de graduación federativo. Se otorgan progresivamente los cinturones de los siguientes colores:

AMARILLO - NARANJA - VERDE - AZUL - MARRÓN - NEGRO.

Abajo indicamos los tiempos previstos para los distintos pasos de cinturón. Éstos, de todas formas, son susceptibles de alguna variación dependiendo de las aptitudes y de la preparación demostrada.

Cinturón	Meses de práctica
AMARILLO	3
NARANJA	4
VERDE	6
AZUL	8
MARRÓN	10
NEGRO	12

A diferencia de las Artes Marciales Tradicionales, en el Full Contact no es obligatorio usar el cinturón durante los entrenamientos. Esto es ciertamente positivo desde el punto de vista psicológico porque no une mentalmente al alumno al nivel adquirido, pero le obliga a demostrar su valor técnico y atlético.

LA CARRERA

Las primeras competiciones en las que un atleta puede participar son los torneos regionales, organizados normalmente por los clubes; se pueden inscribir atletas que tengan un mínimo de seis meses de práctica y una edad mínima de 16 años. Después se pasa a campeonatos a nivel nacional. Como en el pugilismo, éstos están divididos en series, es decir:

DEBUTANTE - 2ª SERIE - 1ª SERIE

La serie indica el grado de experiencia y el valor del atleta, el cual, teniendo éxito entre los Debutantes, al año siguiente puede combatir en la 2ª Serie y después en la 1ª Serie.
La normativa W.A.K.O. prevé que un atleta pueda empezar la actividad competitiva a los 16 años, y así formar parte del primer sector llamado "debutante". El atleta podrá militar en este sector por un período indeterminado y el paso de serie dependerá de las peleas que haya tenido y vencido.
Bastará con tres encuentros vencidos para pasar de serie, pero una comisión técnica establecerá si el atleta puede pasar a la 2ª serie. Una vez dentro de la 2ª serie, el atleta deberá practicar por lo menos durante un año, participando obviamente en los Torneos Nacionales de la categoría; en caso de victoria, se le admitirá en la 1ª Serie. En esta categoría, además de participar en los Torneos Nacionales, podrá disputar las calificaciones para los campeonatos europeos y mundiales aficionados que se desarrollan alternativamente cada año.
Una vez que ha llegado a lo máximo en la carrera de aficionado, el atleta puede elegir si quiere seguir siendo aficionado o emprender la carrera profesional, en la que le esperan los títulos Nacional, Europeo y Mundial.

CATEGORÍAS DE PESO PARA LOS AFICIONADOS FULL CONTACT

Fly Weight	-	hasta 54,00 kg
Bantam Weight	-	hasta 57,00 kg
Light Weight	-	hasta 60,00 kg
Light Welter	-	hasta 63,500 kg
Welter Weight	-	hasta 67,00 kg
Super Welter	-	hasta 71,00 kg
Middle Weight	-	hasta 75,00 kg
Light Heavy	-	hasta 81,00 kg
Cruiser Light Heavy	-	hasta 86,00 kg
Heavy Weight	-	hasta 91,00 kg
Super Heavy	-	más de 91,00 kg

CATEGORÍAS DE PESO PARA PROFESIONALES FULL CONTACT

Atom Weight	-	hasta 52,700 kg
Fly Weight	-	hasta 54,500 kg
Bantam Weight	-	hasta 56,400 kg
Feather Weight	-	hasta 58,200 kg
Light Weight	-	hasta 60,00 kg
Super Light Weight	-	hasta 62,300 kg
Light Welter	-	hasta 64,600 kg
Welter Weight	-	hasta 66,800 kg
Super Welter	-	hasta 69,100 kg
Light Middle	-	hasta 71,800 kg
Middle Weight	-	hasta 75,00 kg
Super Middle	-	hasta 78,100 kg
Light Heavy	-	hasta 81,400 kg
Cruiser Light Heavy	-	hasta 85,00 kg
Heavy Weight	-	hasta 88,600 kg
Cruiser Heavy	-	hasta 94,100 kg
Super Heavy	-	más de 94,100 kg

EQUIPACIÓN PARA PRACTICAR EL FULL CONTACT

1) Casco protector
2) Vendas
3) Protector dental
4) Guantes
5) Pantalones
6) Coquilla
7) Protector de pies
8) Espinilleras

La preparación atlética

LOS MÚSCULOS

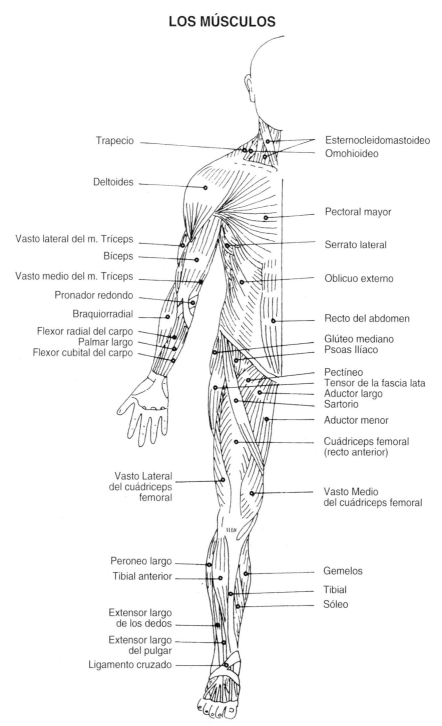

Trapecio

Esternocleidomastoideo
Omohioideo

Deltoides

Pectoral mayor

Vasto lateral del m. Tríceps

Serrato lateral

Bíceps

Vasto medio del m. Tríceps

Oblicuo externo

Pronador redondo

Braquiorradial

Recto del abdomen

Flexor radial del carpo
Palmar largo
Flexor cubital del carpo

Glúteo mediano
Psoas Ilíaco

Pectíneo
Tensor de la fascia lata
Aductor largo
Sartorio

Aductor menor

Cuádriceps femoral
(recto anterior)

Vasto Lateral
del cuádriceps
femoral

Vasto Medio
del cuádriceps femoral

Peroneo largo
Tibial anterior

Gemelos

Tibial
Sóleo

Extensor largo
de los dedos

Extensor largo
del pulgar
Ligamento cruzado

Vista frontal de la musculatura del cuerpo humano

22

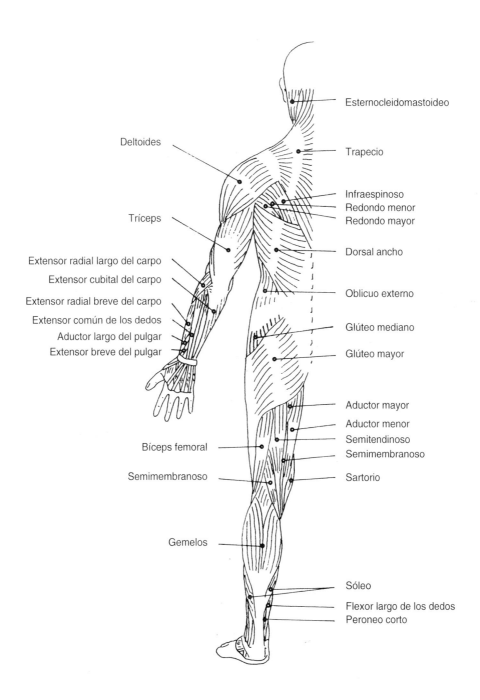

Deltoides

Tríceps

Extensor radial largo del carpo
Extensor cubital del carpo
Extensor radial breve del carpo
Extensor común de los dedos
Aductor largo del pulgar
Extensor breve del pulgar

Bíceps femoral

Semimembranoso

Gemelos

Esternocleidomastoideo

Trapecio

Infraespinoso
Redondo menor
Redondo mayor

Dorsal ancho

Oblicuo externo

Glúteo mediano

Glúteo mayor

Aductor mayor
Aductor menor
Semitendinoso
Semimembranoso

Sartorio

Sóleo

Flexor largo de los dedos
Peroneo corto

Vista posterior de la musculatura del cuerpo humano

23

COMBA Y PELOTA

LA COMBA

Este ejercicio se realiza para mejorar la resistencia muscular y la recuperación e, incluso, también para perder peso.

Por tanto, se puede incluir la comba en el entrenamiento normal realizando sólo 3 minutos como calentamiento normal para llegar a un máximo que varía según el tipo de preparación que el atleta esté realizando. (Véase tablas de entrenamiento)

LA PELOTA

Este ejercicio es óptimo para conseguir una buena coordinación entre los brazos y las piernas.

Se empieza saltando en posición de guardia, golpeando con la palma de la mano una pelota de tenis, de forma que rebote ininterrumpidamente contra el suelo.

Posteriormente se va alternando la guardia durante el ejercicio, cambiando alternativamente la mano derecha y la mano izquierda.

La gimnasia

EJERCICIOS DE CALENTAMIENTO DE LAS EXTREMIDADES SUPERIORES

Cruzar los brazos

Apertura de los brazos

Oscilación frontal de los brazos

Oscilación sobre la izquierda

Oscilación sobre la derecha

EL TRONCO

Rotación hacia la derecha

Rotación hacia la izquierda

Inclinaciones laterales

Inclinaciones sobre las piernas

Torsiones laterales

Inclinaciones frontales

Inclinaciones hacia atrás

Torsiones hacia atrás

Oscilaciones de los brazos sobre las piernas

EJERCICIOS DE CALENTAMIENTO DE LAS EXTREMIDADES INFERIORES

Elevaciones de rodilla
frontales

Elevaciones de rodilla
laterales

Elevaciones de pierna
frontales

Elevaciones de
pierna laterales

Elevaciones de
pierna con torsión

Flexiones de piernas   *Salto con rodillas al pecho*

ABDOMINALES

Torsión al bajar   *Torsión al subir*

30

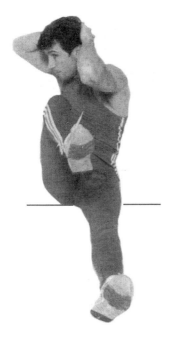

Torsión con rodillas al pecho

Torsión con rodilla al pecho

Posición de partida con las piernas abiertas

Inclinación del tronco hacia delante con los brazos estirados

31

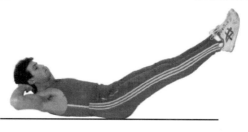

*Elevaciones de las piernas
en torsión sobre los brazos*

*Elevaciones de los brazos
en torsión sobre las piernas*

*Elevación de las
piernas con los pies
juntos*

*Mantener las piernas
a 90°*

*Torsión sobre las piernas
con los pies unidos*

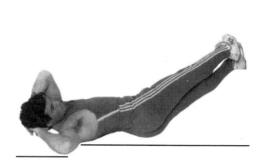

Juntar manos y pies en alto

Pedalear con el tronco en el suelo

Pedalear oscilando

Pedalear oscilando en torsión

SACROLUMBARES

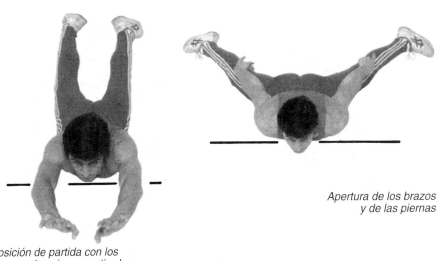

*Apertura de los brazos
y de las piernas*

*Posición de partida con los
brazos y las piernas estiradas*

Brazos y piernas en alto

Oscilaciones

Torsiones

FLEXIONES SOBRE LOS BRAZOS

Brazos a la altura de los hombros

Sobre los dedos

Máxima apertura

Con desplazamientos a derecha
y a izquierda

Sobre un brazo

Doblándose a la izquierda

Doblándose a la derecha

ESTIRAMIENTOS

El estiramiento muscular tiene un papel bastante importante en la preparación de un atleta para cualquier tipo de deporte. Mientras que hace un tiempo se intentaba buscar una cada vez más imponente masa muscular además de una capacidad de resistencia, hoy también la movilidad y la elasticidad de los músculos se cuidan de forma particular.

El estiramiento ha relevado totalmente los ejercicios convencionales del método de Ling, fundados sobre los doblamientos y tracciones. El estiramiento muscular se basa en técnicas particulares como la contracción, la distensión y la tensión. Al principio hay que contraer el músculo todo lo posible, intentando que no se encoja (contracción estática isométrica), entre 10 y 30 segundos. Justo después, se procederá a la distensión del mismo músculo durante un período de alrededor de 5 segundos. En este punto, se efectuará la tensión, estirando lo máximo posible, pero con delicadeza, el músculo entre 10 y 30 segundos.

Este método es al mismo tiempo el menos fatigado y el más eficaz de los que se conocen. Se puede realizar tranquilamente sin aparatos y durante todo el año. Tales ejercicios, además, son adecuados para personas de cualquier edad, tanto para atletas profesionales como para aficionados. El estiramiento tiene por añadidura un valor psicológico, genera una especie de relajación nerviosa además de la muscular. Otra característica relevante y ventajosa del estiramiento muscular es su probada capacidad de prevención de traumatismos.

Hemos dicho que el sistema de contracción-distensión y tensión es el mejor; ahora, intentaremos ofrecer algún consejo útil para con el fin de utilizarlo de forma correcta.

Es importante desarrollar un calentamiento preliminar de unos 5 a 10 minutos consistente en un poco de jogging, saltos, comba y pelota.

Normalmente, se aconseja, después del estiramiento de un determinado grupo muscular, distender también los músculos antagonistas. Para las piernas, conviene empezar a estirar la musculatura anterior y luego la posterior del mismo lado para obtener mejores resultados. Si los músculos están más contraídos de un lado que del otro, procure empezar el estiramiento por la parte que más los necesita. *Procure no sobrecargar la espalda manteniendo la cabeza sobre la recta de prolongación.* Si la musculatura posterior de las piernas, particularmente de los muslos, está más bien rígida o si advierte el mismo problema en la zona lumbar, no estire las dos piernas a la vez sino por separado. Durante el estiramiento, respire lentamente y con regularidad, no aguante la respiración y concéntrese en el movimiento al que está sometiendo al músculo.

Cuando realice ejercicios de rodillas, enderece siempre los dedos de los pies hacia dentro. No haga nunca movimientos bruscos sino al contrario, no sobrepase el umbral del dolor. Intente animarse regularmente. Se pueden obtener buenos resultados con un mínimo de tres o un máximo de seis o siete sesiones por semana.

Es preferible introducir el estiramiento (en particular después del trabajo sobre potencia) en la fase, es decir, después de la sesión, con tres repeticiones por cada grupo muscular; a menos que se trate de principiantes, para los que será suficiente con una repetición.

Algunos ejercicios convenientes para el aumento de la movilidad son la carrera con el levantamiento de las rodillas, o de los talones hacia los glúteos. También es eficaz saltar ligeramente sobre un pie dando palmadas con las manos por debajo del muslo y hacer amplias rotaciones de los hombros, teniendo los brazos doblados por los codos. Otros ejercicios recomendados son los desplazamientos con las piernas recogidas, de una posición supina, de un lado al otro sin tocar el suelo realizando grandes círculos, o bien los cambios alternativos de la posición de los pies, hacia delante y hacia atrás y viceversa, estando en una posición parecida a la de la salida de una carrera. Es importante señalar también la validez del estiramiento en la reeducación de los músculos después de un accidente o traumatismo.

Además, a menudo, se curan contracturas con ejercicios de tensión. Cuando el músculo encuentra una resistencia, se calienta. Cuanto más fuerte sea la contracción del músculo, más aumenta su temperatura, y con el método de estiramiento descrito por nosotros reúne los máximos niveles. El precalentamiento del músculo es fundamental y debe preceder siempre al ejercicio del estiramiento; naturalmente, cuanto más fuerte sea la contracción, más debe durar el relajamiento consiguiente, dado que el músculo tiene la necesidad de descontraerse al máximo durante la tensión.

ESTIRAMIENTOS INDIVIDUALES

Tensión en las piernas estiradas y unidas

Tensión con pierna derecha estirada y la otra doblada

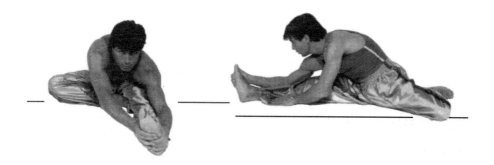

Tensión con la pierna izquierda estirada y la otra doblada

Tensión con la pierna derecha estirada y la otra doblada hacia el exterior

Tensión con la pierna izquierda estirada y la otra doblada hacia el exterior

Tensión frontal con la pierna derecha estirada

Tensión frontal con la pierna izquierda estirada

Tensión lateral sobre la pierna derecha

Tensión lateral sobre la pierna izquierda

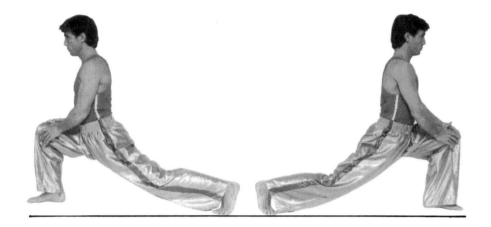

Tensión frontal con la pierna izquierda
estirada hacia atrás

Tensión frontal con la pierna derecha
estirada hacia atrás

Con las piernas abiertas, tensión sobre
la pierna derecha

Con las piernas abiertas, tensión sobre
la pierna izquierda

Sentado con las piernas
abiertas, tensión lateral
a la derecha

Tensión lateral
a la izquierda

Sentado con las piernas
abiertas, tensión con
el tronco recto

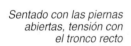

Con el tronco hacia adelante
con los brazos abiertos

Con el tronco hacia adelante
con los brazos unidos

ESTIRAMIENTOS POR PAREJAS

Tensión con las piernas dobladas

Tensión con las piernas abiertas, lado derecho

Tensión con las piernas abiertas, lado izquierdo

Tensión hacia delante con las piernas abiertas

Tensión frontal sobre una pierna   *Tensión lateral sobre una pierna*

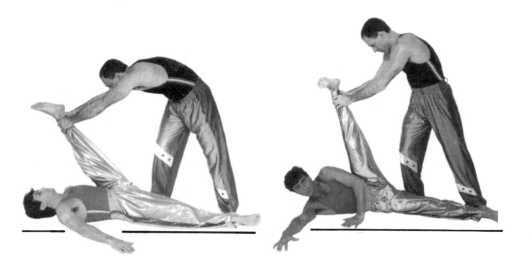

44

GIMNASIA ISOMÉTRICA

Una contracción es isométrica cuando un músculo se tensa sin generar movimiento: esto puede suceder cuando se intenta ejercer una resistencia superior a las posibilidades del músculo.

La gimnasia isométrica es un método que prevé la utilización de las resistencias fijas para inducir a los músculos a contraerse con el objetivo de mejorar la fuerza.

La intensidad de cada contracción debe estar comprendida entre el 50 y el 100%, y mantenida durante algunos segundos, y más precisamente: entre 2 y 3" con una intensidad máxima, durante 6" con una intensidad del 70%, y entre 10 y 15" con una del 50%. Los esquemas reconocidos son innumerables: el número de sesiones de entrenamiento varía de 3 a 5 semanales; el número de las repeticiones por ejercicio varía de 1 a 10, con pausas que van de 30 a 180". En cada caso, el sistema se usa entre 4 y 6 semanas. Es importante tener en cuenta que el aumento de la fuerza que se obtiene con este entrenamiento es limitado a esta angulación que se mantiene bajo esfuerzo, por tanto, para un mayor aprovechamiento de las ventajas de este método es aconsejable desarrollar cada ejercicio con varias angulaciones, normalmente 3.

Algunos esquemas válidos podrían ser los siguientes:

1) Una sola repetición por sesión, por ejercicio y por angulación. Intensidad del 60-70%. Duración de cada contracción: 12". Pausa entre los ejercicios, 60".

2) Tres repeticiones por sesión, por ejercicio y por angulación. Intensidad del 90%. Duración de cada contracción: 6". Pausa de 30".

Existe también una versión intermedia de la gimnasia isométrica que combina el trabajo dinámico con los estados de tensión;

3) Desplazar una carga casi máxima durante unos 10", volver a ponerla en la posición de partida en 10", realizar una pausa siempre de 10" y repetir entre 5 y 10 veces.

4) Realizar un movimiento incompleto con una carga casi máxima, mantenerla parada durante 6", completar el movimiento, mantener de nuevo la posición durante 6", volver a pasar por la posición intermedia con una parada igual y luego terminar la ejecución.

Mediante la gimnasia isométrica se consigue un notable aumento de la fuerza muscular, realizada a través de un proceso de fácil aplicación y con un equipo asequible; hay un gran aumento de la resistencia del estado de tensión; una movilización de las fibras musculares latentes en las tareas normales.

Por otro lado, no se ve ninguna mejora de la coordinación neuro-muscular ni de la funcionalidad del sistema cardio-circulatorio.

En nuestro deporte, la isometría debe aplicarse bien para los músculos de la parte superior del cuerpo (pectorales, dorsales, deltoides, tríceps, bíceps), bien para las piernas (cuádriceps femoral, glúteo mayor y bíceps femoral, tensor de la fascia lata), trabajando en días alternos para no estresar demasiado los grupos musculares.

EDAD PARA EMPEZAR EL ENTRENAMIENTO CON PESAS

La mayoría de los técnicos coincide en indicar que en torno a los 14 años de edad es el momento adecuado para que un joven introduzca el uso de las pesas en los entrenamientos.

Todo esto va encuadrado en una óptica de desarrollo general de los adolescentes. Sólo después se podrá marcar un rumbo más específico.

El entrenamiento más apropiado para que los jóvenes se fortalezcan consiste en el Circuit-Training, mediante una serie de ejercicios con cargas ligeras.

Se aconseja no realizar, durante un año, largas pausas con el fin de que no resulte vano todo el trabajo desarrollado.

CIRCUIT-TRAINING

El circuit-training es un método de entrenamiento sumamente eficaz para la mejora de la resistencia y de la velocidad, así como del sistema cardio-respiratorio.

Este entrenamiento circular consiste en la ejecución sin largas pausas (entre 15' y 45') de diversos ejercicios: de un mínimo de 4 a un máximo de 12.

Los aparatos para el desarrollo del circuit-training deben prepararse con an-

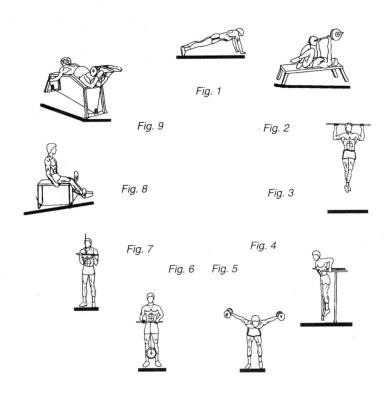

Fig. 1

Fig. 9

Fig. 2

Fig. 8

Fig. 3

Fig. 7

Fig. 4

Fig. 6   Fig. 5

telación. La peculiaridad de este entrenamiento es el hecho de que, durante la ejecución de los ejercicios determinados para los brazos, se pueden descansar algunos músculos de las piernas, del tronco y viceversa.

Para realizar un entrenamiento en circuito, se necesita tener presente estos principios fundamentales:

1 - La elección de los ejercicios
2 - La elección de las cargas
3 - El número de las repeticiones
4 - El control del tiempo

Dependiendo del cansancio que el atleta acuse, se pueden introducir más ejercicios de brazos o de piernas, pero lo importante es no superar jamás los 12 ejercicios ni hacer menos de 6.

POWER TRAINING

El power training, como tipo de entrenamiento para aumentar la potencia muscular, aconseja trabajar con cargas que van desde el 30 al 60% del máximo. Por ejemplo, si un kick boxer puede realizar una sola vez el directo con una pesa de 10 kg, trabajando con el power training deberá utilizar una de 3 kg.

Este potenciamiento puede desarrollarse mediante una vasta elección de ejercicios; el más común es el de realizar repeticiones a la máxima velocidad de los golpes fundamentales de brazos: directos, ganchos ascendentes, y de piernas: frontales, circulares y hacia atrás.

Los tiempos aconsejados para cada una de las técnicas son de unos 30" con recuperación del 50% del trabajo desarrollado, con un número de repeticiones que puede oscilar entre 15 y 30.

Se aconseja alternar la posición de guardia durante el entrenamiento para hacer que la estructura muscular trabaje de forma equilibrada.

Ejemplo de tabla de entrenamiento:

	Brazos	Reposo	Piernas	Reposo	Piernas+Brazos	Reposo
Guardia Izq.	30"	15"	30"	15"	30"	15"
Guardia Dcha.	30"	15"	30"	15"	30"	15"
Guardia Izq.	30"	15"	30"	15"	30"	15"
Guardia Dcha.	30"	15"	30"	15"	30"	15"

Posición de partida en guardia de izquierda

Directo con puño derecho en guardia de izquierda

Directo con puño derecho en guardia de izquierda, visto de lado

Directo con puño derecho en guardia de derecha

Gancho de puño izquierdo en guardia de izquierda

Gancho de puño izquierdo en guardia de izquierda, visto de lado

Gancho de puño izquierdo en guardia de derecha

Gancho de puño derecho en guardia de izquierda

Gancho ascendente
con puño derecho
en guardia de
izquierda

Gancho ascendente
con puño derecho en
guardia de izquierda,
visto de lado

Gancho ascendente
con puño derecho en
guardia de derecha,
visto de lado

Gancho ascendente
con puño izquierdo en
guardia de derecha,
visto de lado

Gancho ascendente
con puño izquierdo en
guardia de derecha,
visto de frente

POWER TRAINING DE PIERNAS

Patada frontal con pierna izquierda

Patada circular con pierna derecha

Patada en hacha

Patada lateral con pierna izquierda

Patada hacia atrás con pierna derecha

INTERVAL TRAINING

Para la resistencia específica del kick boxer existe un tipo de entrenamiento que permite un elevado progreso: es el denominado "entrenamiento a intervalos".

El atleta se someterá a una serie de repeticiones más bien breves, pero bastante numerosas, con intervalos de tiempo dedicados a la recuperación. La duración del trabajo no debe ser inferior a los 15" ni superior a los 60"; las pausas deben mantenerse entre los 45 y los 90". La intensidad del esfuerzo debe llevar a las 180 pulsaciones por minuto y al final de la recuperación no deben estar por debajo de las 120 por minuto.

Este método de entrenamiento para el kick boxer se aplica naturalmente en los aparatos (saco o incluso al vacío), el número de las repeticiones las establecerá el entrenador dependiendo del tipo de preparación que el atleta necesite.

Muy importantes para una preparación verdaderamente completa son las pruebas de resistencia, a la velocidad que desarrollan la capacidad, también durante el trabajo intenso y, sobre todo, con el tiempo.

En este sistema de entrenamiento, la intensidad del trabajo, la velocidad, tiene que ser muy elevada y constante, la duración del esfuerzo no debe superar los 30" mientras que la duración de las pausas, después de una estabilidad inicial, debe de ser decreciente manteniendo un carácter de "recuperación activa"; boxear de forma blanda "al aire" es el ejercicio más apropiado.

El número de las repeticiones, en general, no es muy alto.

EL SACO Y EL PUNCHING BALL

A fin de conseguir una preparación física y atlética óptima, el kick boxer deberá ejercitarse durante mucho tiempo golpeando el saco y el punching ball. Se trata de dos valiosos aparatos auxiliares, que permiten entrenar los golpes de piernas y brazos, manteniendo y mejorando la velocidad y la potencia.

El punching ball, además, mejora también importantes cualidades como la precisión de los golpes y la puntería, los desplazamientos del tronco y el juego de las piernas.

Sobre las particularidades del trabajo con estos aparatos, les remitimos a la parte dedicada a los mismos.

LA CARRERA

Una adecuada preparación en la carrera es muy útil para mejorar la fuerza del atleta, es decir, aumenta su capacidad de fondo y de trabajo, e incluso su resistencia, porque ejercita tanto el aparato respiratorio como el cardio-circulatorio.

La carrera, por tanto, es fundamental para cualquier tipo de deporte y en cada nivel de preparación específica. Sus técnicas fundamentales establecen algunas normas de comportamiento que impiden movimientos incorrectos. Indicamos algunos puntos fundamentales:

En la fase de "pisada", la pierna debe amortiguarse sobre el pie y el peso no debe ponerse sobre el talón.

Correr con el tronco recto pero no rígido; los hombros deben estar relajados. Mantener los brazos en oscilación natural.

La respiración no debe de veloz, sino profunda y rítmica: a ser posible, inspirar por la nariz y expirar por la boca.

Carrera

LA CARRERA DE FONDO

La carrera de fondo o "carrera de resistencia" se realiza a una marcha relativamente suave y durante un período de tiempo bastante largo, dependiendo de la preparación específica del atleta y de las diferentes exigencias. Ésta desarrolla la resistencia aeróbica mediante el constante mantenimiento de la intensidad en el esfuerzo y la búsqueda del progresivo aumento de fondo. Se aconsejan dos o tres sesiones semanales.

FARTLEK O CARRERA VARIADA

El fartlek es un tipo de carrera que, si queremos, completa la que hemos definido anteriormente, carrera de fondo. El fartlek es, de hecho, una carrera con algunas variaciones de ritmo en la velocidad y se realiza solamente después de un buen período de carrera de duración.
Se practica sobre la hierba, sobre la arena, en cuestas o en recorridos con obstáculos naturales. Una sesión de fartlek dura entre 20 y 45 minutos y en el período de preparación es oportuno desarrollarla dos o tres veces a la semana.

La preparación técnica

EL VENDAJE

El vendaje constituye un aspecto fundamental, y es importante observar su técnica de colocación.

Por desgracia, gran parte de los incidentes durante el entrenamiento afecta a los huesos de la mano y la muñeca, sobre todo porque muchos atletas subestiman el uso del vendaje

Hay que aclarar de una vez por todas que un vendaje correcto disminuye enormemente el riesgo de contusiones, inflamaciones o, incluso, microfracturas.

En consecuencia, cada vez que vaya a entrenar, incluso aunque sea de forma suave, dedique cinco minutos de su tiempo a realizar esta operación muy simple y al mismo tiempo eficaz.

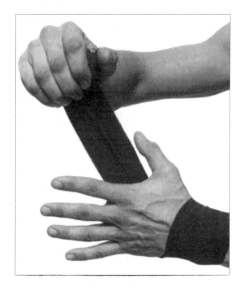 

Empezar el vendaje en la muñeca   *Pasar sobre el metacarpo*

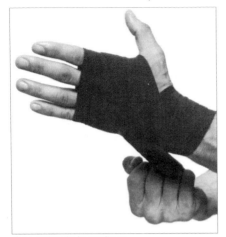

Cruzar hacia la muñeca

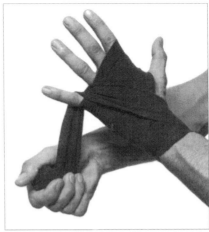

Entre el meñique y el anular

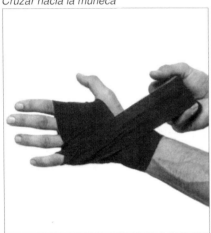

Volver sobre la muñeca

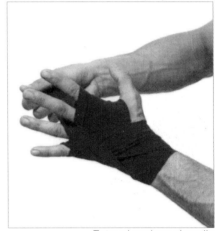

Entre el anular y el medio

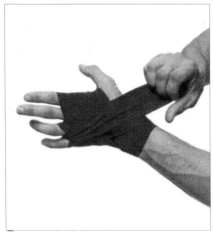

Volver sobre la muñeca

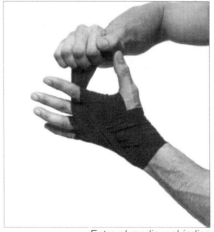

Entre el medio y el índice

57

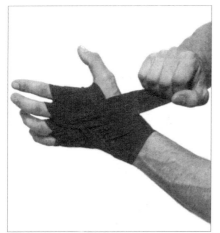

Cruzar por debajo del medio y volver sobre la muñeca

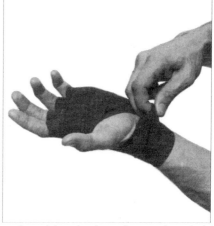

Cruzar por debajo del índice y volver sobre la muñeca

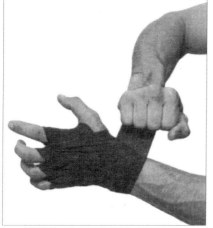

Envolver de nuevo la muñeca

Cerrar el vendaje sobre la muñeca en la parte interna

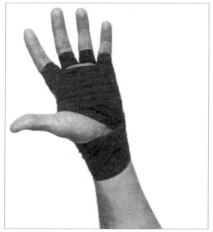

Vendaje terminado, vista interior

Vendaje visto con la mano cerrada

POSICIONES DE GUARDIA

Semi-frontal

Semi-frontal (vista de lado)

Lateral

Lateral (vista de costado)

TÉCNICAS DE BRAZOS

Directo con puño izquierdo

Directo con puño derecho

Gancho horizontal (crochet) con puño izquierdo

Gancho horizontal (crochet) con puño izquierdo, visto de lado

Gancho horizontal (crochet) con puño derecho

Gancho horizontal (crochet) con puño derecho, visto de lado

Gancho ascendente (uppercut) con puño izquierdo

Gancho ascendente (uppercut) con puño izquierdo visto de lado

Gancho ascendente (uppercut) con puño derecho

Gancho ascendente (uppercut) con puño derecho, visto de lado

DEFENSA CONTRA LAS TÉCNICAS DE BRAZOS

DEFENSA CONTRA EL DIRECTO DE PUÑO IZQUIERDO

Blocaje con la palma del guante

Desviación con el interior del guante

Esquiva hacia atrás

Esquiva lateral

DEFENSA CONTRA EL DIRECTO DE PUÑO DERECHO

Blocaje con el antebrazo

Desviación con el interior del guante

Esquiva con flexo-torsión

Esquiva agachándose

DEFENSA CONTRA EL GANCHO HORIZONTAL DE PUÑO IZQUIERDO

Blocaje con el antebrazo

Esquiva en rotación. 1ª fase   *Esquiva en rotación. 2ª fase*

DEFENSA CONTRA EL GANCHO HORIZONTAL DE PUÑO DERECHO

Blocaje con el antebrazo

Esquiva en rotación. 1ª fase   *Esquiva en rotación. 2ª fase*

DEFENSA CONTRA EL GANCHO ASCENDENTE DE PUÑO IZQUIERDO

Blocaje con el antebrazo

Blocaje con el interior del guante

Desviación con el interior del guante

DEFENSA CONTRA EL GANCHO ASCENDENTE DE PUÑO DERECHO

Blocaje con el antebrazo   *Blocaje con el interior del guante*

Desviación con el interior del guante

TÉCNICAS DE PIERNAS

PATADA FRONTAL

Patada frontal con pierna izquierda

Preparación   *Extensión*

Patada frontal con pierna derecha

Preparación

Extensión

PATADA CIRCULAR

Patada circular con pierna derecha

Preparación

Extensión

Patada circular con pierna izquierda.
Preparación

Extensión

Patada circular con pierna izquierda.
Preparación vista de lado

Extensión vista de lado

PATADA LATERAL

Patada lateral con pierna izquierda

Preparación vista de lado   *Extensión vista de lado*

Patada lateral con pierna derecha.
Preparación

Extensión

PATADA HACIA ATRÁS

Patada hacia atrás con pierna izquierda.
Preparación

Extensión

Patada hacia atrás con pierna izquierda.
Preparación vista de lado

Extensión

Patada hacia atrás con pierna derecha.   *Extensión*
Preparación

Patada hacia atrás con pierna derecha.   *Extensión*
Preparación vista de lado

PATADA DE HACHA

Patada de hacha con pierna izquierda   *Patada de hacha con pierna izquierda vista de lado*

Patada de hacha con pierna derecha   *Patada de hacha con pierna derecha vista de lado*

PATADA DE GANCHO

Patada de gancho con pierna izquierda.
Preparación vista de lado

Extensión

Extensión vista de frente

Recogida

Patada de gancho con pierna derecha.
Preparación vista de lado

Extensión

79

PATADA DE GANCHO CON GIRO

Preparación de patada en gancho, con pierna
izquierda, en giro

Rotación

Extensión

Recogida

*Preparación girando, de la patada en gancho
con pierna derecha*

Extensión

PATADA EN GIRO CON LA PIERNA ESTIRADA

Preparación del giro con la pierna estirada

Rotación. 1ª fase

Rotación. 2ª fase

Extensión

BARRIDO CON GIRO

Preparación del barrido. Giro

Extensión

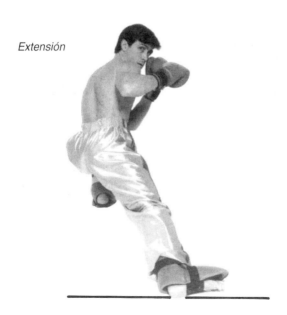

DEFENSA CONTRA LAS TÉCNICAS DE PIERNAS

DEFENSA CONTRA LA PATADA FRONTAL

Blocaje con los antebrazos   *Blocaje con el interior de los guantes*

Desviación con el antebrazo   *Desviación con la palma del guante*

DEFENSA CONTRA LA PATADA CIRCULAR

Blocaje bajo con el antebrazo

Blocaje alto con el antebrazo

Esquiva hacia abajo

Esquiva hacia atrás

DEFENSA CONTRA LA PATADA LATERAL

Blocaje con el antebrazo

Blocaje con la palma del guante

DEFENSA CONTRA LA PATADA HACIA ATRÁS

Blocaje con antebrazo y amortiguación

Blocaje con antebrazo en flexo-torsión

DEFENSA CONTRA LA PATADA EN GIRO CON LA PIERNA ESTIRADA

Blocaje con el antebrazo

DEFENSA CONTRA LA PATADA DE HACHA

Esquiva con paso lateral

DEFENSA CONTRA LA PATADA DE GANCHO

Blocaje con el antebrazo

Esquiva hacia abajo

PATADAS EN SALTO

PATADA FRONTAL EN SALTO

Preparación con salto

Extensión

PATADA CIRCULAR EN SALTO

Preparación con salto

Rotación de la cadera

Extensión

PATADA LATERAL EN SALTO

Salto con preparación de la pierna

Extensión

PATADA HACIA ATRÁS EN SALTO

Salto con preparación de las piernas

Extensión

PATADA EN GIRO CON PIERNA ESTIRADA Y EN SALTO

Salto con preparación y rotación de la cadera

Extensión

Salto y lanzamiento de la pierna estirada

TÉCNICAS COMBINADAS

COMBINACIÓN 1

Directo con puño izquierdo. Blocaje

Patada de hacha atacando desde el interior

Gancho horizontal con puño izquierdo a la cara

COMBINACIÓN 2

Directo con puño derecho. Blocaje

Preparación con rotación de la cadera

Extensión y patada hacia atrás al cuerpo

COMBINACIÓN 3

Patada frontal con pierna izquierda a la cara. Blocaje

Gancho horizontal con puño izquierdo a la cara

Directo con puño derecho al cuerpo. Blocaje

COMBINACIÓN 4

Patada frontal con pierna derecha.
Desviación

Gancho horizontal con puño izquierdo
a la cara

Patada de gancho con pierna izquierda

COMBINACIÓN 5

Amago de patada frontal con pierna izquierda

Directo con puño derecho. Desviación

Patada circular con pierna derecha y en salto

Directo con puño izquierdo. Blocaje

Directo con puño derecho. Esquiva hacia abajo

Directo con puño derecho. Desviación

Patada circular con pierna izquierda a la cara

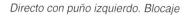

Patada en giro con la pierna estirada.
Esquiva

Directo con puño derecho. Desviación

Gancho ascendente con puño derecho
al cuerpo

Patada circular con pierna izquierda
a la cara

COMBINACIÓN 8

Patada con barrido sobre la guardia

Directo con puño derecho. Blocaje

Patada con barrido sobre la pierna izquierda

Patada hacia atrás en salto

COMBINACIÓN 9

Directo con puño izquierdo. Blocaje   *Directo con puño derecho. Blocaje*

Paso oblicuo y patada lateral con pierna derecha al cuerpo   *Patada circular con pierna derecha a la cara*

Patada con barrido sobre la guardia

Patada en giro con la pierna estirada. Esquiva hacia abajo

Gancho con puño izquierdo. Blocaje

Gancho horizontal con puño derecho a la cara

COMBINACIÓN 11

Patada frontal con pierna izquierda. Blocaje

Gancho horizontal con puño derecho. Esquiva en rotación

Paso oblicuo y gancho ascendente con puño derecho

Patada de hacha a la cara

COMBINACIÓN 12

*Patada de hacha.
Esquiva lateral*

*Directo con puño
derecho.
Esquiva hacia atrás*

*Patada circular con
pierna derecha.
Blocaje*

*Preparación
en rotación*

Patada hacia atrás

COMBINACIÓN 13

Patada de gancho.
Blocaje

Recogida de la pierna

Patada circular con
pierna izquierda.
Blocaje

Directo con puño derecho.
Blocaje

Gancho ascendente con
puño izquierdo al cuerpo

COMBINACIÓN 14

Patada lateral con pierna izquierda.
Blocaje

Directo con puño izquierdo.
Blocaje

Patada circular con
pierna izquierda.
Blocaje

Patada frontal con
pierna derecha

Paso oblicuo y directo
con puño derecho.
Blocaje

COMBINACIÓN 15

Gancho horizontal con puño izquierdo. Blocaje

Patada en giro con la pierna estirada

Patada circular con pierna izquierda. Esquiva hacia abajo

Gancho ascendente con puño derecho. Blocaje

Gancho horizontal con puño izquierdo. Blocaje

COMBINACIÓN 16

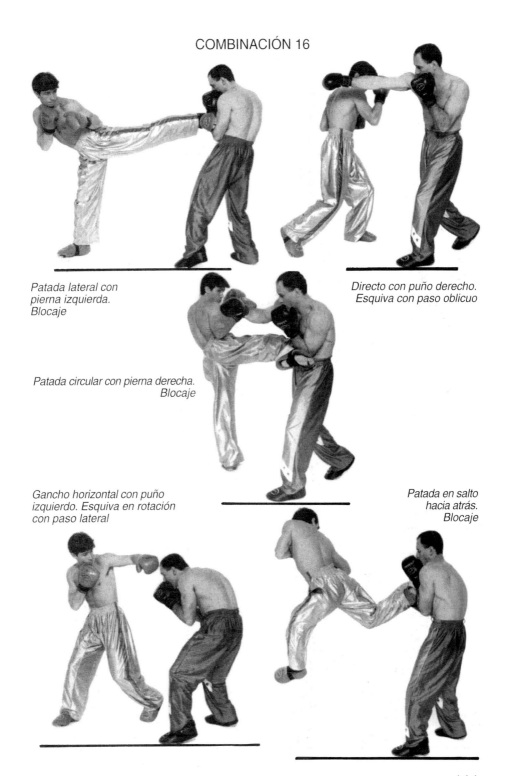

Patada lateral con
pierna izquierda.
Blocaje

Directo con puño derecho.
Esquiva con paso oblicuo

Patada circular con pierna derecha.
Blocaje

Gancho horizontal con puño
izquierdo. Esquiva en rotación
con paso lateral

Patada en salto
hacia atrás.
Blocaje

*Directo con puño izquierdo con
preparación de la cadera.
Blocaje*

*Patada lateral con pierna izquierda.
Blocaje*

Directo con puño derecho. Blocaje

Gancho horizontal con puño izquierdo.
Esquiva en rotación

Preparación con rotación de la cadera   *Patada hacia atrás lateral. Blocaje*

113

Barrido interno   *Patada circular con pierna izquierda. Blocaje*

Patada en salto con la pierna estirada. Blocaje

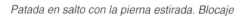

Gancho ascendente con puño derecho. Blocaje

Barrido interno   *Patada en salto hacia atrás*

COMBINACIÓN 19

Directo con puño izquierdo.
Esquiva con flexión a la derecha

Patada circular con pierna izquierda.
Blocaje

Gancho horizontal con puño derecho.
Esquiva en rotación

Gancho ascendente con puño izquierdo
al cuerpo

Patada de hacha con pierna izquierda.
Blocaje

Gancho horizontal con puño derecho
a la cara

COMBINACIÓN 20

Patada circular con la pierna izquierda.
Esquiva hacia atrás

Patada de gancho en giro.
Esquiva hacia abajo con flexo-torsión

Directo con puño izquierdo. Blocaje

Directo con puño derecho. Desviación   *Patada circular con pierna derecha. Blocaje*

Patada con gancho, en giro

Patada circular con pierna derecha. Blocaje

*Patada circular con pierna izquierda
al cuerpo*

*Gancho horizontal con puño izquierdo.
Blocaje*

Directo con puño derecho. Desviación

*Patada frontal con pierna derecha.
Desviación*

Patada con la pierna estirada, en giro

Figuras en los guantes del maestro

Las figuras en los guantes del maestro sirven principalmente para definir las técnicas (sobre todo pugilísticas) de defensa y contraataque: se mejora la puntería y la velocidad de ejecución.

Los guantes del maestro, obviamente, ha de ponérselos una persona técnicamente preparada, no el kick boxer, sino el adversario al que tiene que golpear, bloquear y esquivar.
De hecho, el maestro alternará los golpes de tal forma que simule del todo las situaciones, idénticas a las de un combate de verdad, obligando al alumno a alternar la corta y la media distancia, esquivando, bloqueando y reentrando con velocidad.
Se empezará a trabajar sólo con golpes directos y blocajes, para después pasar a los circulares intentando alternar las esquivas y los pasos oblicuos-laterales.
Los tiempos de trabajo varían dependiendo del tipo de preparación que el atleta deba realizar.

Posición de guardia   *Patada circular con pierna izquierda*

122

COMBINACIÓN 1

Directo con puño derecho

*Gancho horizontal con
puño izquierdo*

*Patada en salto con pierna
derecha, hacia atrás*

COMBINACIÓN 2

Directo con puño izquierdo

*Paso lateral a la izquierda, patada circular
con pierna derecha*

*Paso lateral a la derecha con gancho
horizontal de puño izquierdo*

*Patada circular con pierna izquierda
en salto*

Gancho horizontal con puño derecho

125

COMBINACIÓN 3

Directo con puño izquierdo

Patada frontal con pierna izquierda

Directo con puño derecho

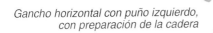

*Gancho horizontal con puño izquierdo,
con preparación de la cadera*

Patada hacia atrás, en salto

127

COMBINACIÓN 4

Directo con puño izquierdo

Directo con puño derecho

Patada circular con pierna derecha

Directo con puño derecho

Patada de gancho con pierna izquierda, en giro

COMBINACIÓN 5

Blocaje sobre directo con puño izquierdo

Esquiva sobre gancho horizontal con puño derecho

Gancho ascendente con puño izquierdo

Patada en salto hacia atrás

Gancho horizontal con puño derecho

COMBINACIÓN 6

Directo con puño izquierdo

Patada lateral con pierna izquierda

Directo con puño derecho, con paso oblicuo a la izquierda

Patada de hacha con pierna derecha

El pao, el saco y el punching ball

EL PAO

El pao, o escudo protector, es primordial para aumentar la velocidad de ejecución y para mejorar la precisión de los golpes, sobre todo en las patadas básicas y en las circulares.

En la práctica, el pao lo sostiene el maestro o un compañero, el cual deberá simular los mismos movimientos que se adoptan en el combate; es decir, avanzar, retroceder, desplazarse lateralmente, girar, y, al hacerlo, variar tanto la altura (baja, media y alta) como el lado a golpear.

Se aconseja empezar este entrenamiento primero con técnicas simples, golpeando lentamente, después ir trabajando con combinaciones en velocidad y luego con series al mismo tiempo veloces y potentes.

Los tiempos de trabajo en el pao son subjetivos, basados, por tanto, en el nivel del atleta, pero se aconseja un uso frecuente al igual que en el saco.

Pao

EL TRABAJO EN EL SACO

El trabajo en el saco es fundamental para el kick boxer, puesto que sirve principalmente para mejorar las dos cualidades más importantes del atleta:

1) la velocidad
2) la potencia

Para aumentar la velocidad, se deberá golpear un saco que pese alrededor de 1/3 del peso del propio cuerpo. Para entrenar la potencia, en cambio, se deberá pasar a otro saco que pese alrededor de 2/3 del peso del propio cuerpo.
Ejemplo: (un atleta de alrededor de 60 kg, trabajará en velocidad con un saco de 20 kg y en potencia con uno de 40 kg).

Saco

REPETICIONES EN VELOCIDAD

El entrenamiento de las repeticiones en velocidad aumenta la resistencia y mantiene elevada la capacidad de ejecución del kick boxer, por tanto, de esta forma permite que la frecuencia cardíaca aumente sus latidos hasta 180 - 220 por minuto.

Este método se realiza en períodos de trabajo breves y repetidos, alternando otras tantas pausas de recuperación breves.

El saco ligero es, sin lugar a dudas, el utensilio más indicado para este tipo de trabajo. El atleta deberá golpearlo a la máxima velocidad y realizar, en las breves pausas, respiraciones profundas en reposo activo (saltando con suavidad).

El número de las repeticiones, obviamente, depende del momento y del tipo de preparación a la que está sometido el atleta (véase tablas adjuntas).

CÓMO EMPEZAR

Para practicar este tipo de trabajo es muy importante no olvidarse del vendaje de las manos y de los guantes para el saco. Al principio, golpear sólo con los brazos en velocidad con directos, combinando desplazamientos y esquivas con las piernas con soltura. Pasar después a las técnicas sólo de las piernas alternando la frontal derecha con izquierda. Sólo después de haber asimilado bien estas técnicas básicas, se empezará a trabajar en combinaciones. Luego, se pasará de nuevo a golpear únicamente con técnicas de brazos, alternando esta vez los directos, los ganchos horizontales (crochet) y los ganchos ascendentes (uppercut).

El mismo trabajo se repetirá para las técnicas sólo de piernas y sucesivamente con varias combinaciones de piernas y brazos.

Después de dos meses de prácticas, se pasará al saco más pesado, realizando los golpes al máximo de potencia, tanto los simples como en combinaciones.

TABLAS PARA VELOCIDAD EN EL SACO

TABLA N° 1

Trabajo	Pausa	Trabajo	Pausa	Trabajo	Pausa
1°) 10"	5"	2°) 10"	5"	3°) 10"	5"
4°) 15"	10"	5°) 15"	10"	6°) 15"	10"
7°) 10"	5"	8°) 15"	10"	9°) 10"	5"
10°) 15"	10"	11°) 10"	5"	12°) 15"	10"
13°) 10"	5"	14°) 10"	5"	15°) 10"	5"
16°) 15"	10"	17°) 10"	5"	18°) 5"	5"
19°) 5"	5"	20°) 5"	5"	21°) 5"	5"

Repeticiones en velocidad en el saco, sólo con los brazos

TABLA N° 2

Trabajo	Pausa	Trabajo	Pausa	Trabajo	Pausa
1°) 15"	10"	2°) 15"	10"	3°) 15"	10"
4°) 20"	15"	5°) 20"	15"	6°) 20"	15"
7°) 30"	20"	8°) 30"	20"	9°) 30"	20"
10°) 45"	30"	11°) 45"	30"	12°) 45"	30"
13°) 30"	20"	14°) 20"	15"	15°) 15"	10"
16°) 10"	5"	17°) 10"	5"	18°) 10"	5"

Repeticiones en velocidad en el saco, sólo con las piernas

TABLA N° 3

Trabajo	Pausa	Trabajo	Pausa	Trabajo	Pausa
1°) 20"	10"	2°) 20"	10"	3°) 20"	15"
4°) 30"	20"	5°) 30"	20"	6°) 30"	30"
7°) 15"	10"	8°) 15"	10"	9°) 15"	15"
10°) 40"	20"	11°) 40"	20"	12°) 40"	40"
13°) 30"	15"	14°) 20"	10"	15°) 15"	10"

Repeticiones en velocidad en el saco, piernas y brazos.

EL PUNCHING BALL

El punching ball (balón sujeto) se diferencia del saco no sólo en la forma. Éste resalta y mejora al menos otras cuatro cualidades importantes para el kick boxer:

1) puntería
2) precisión de los golpes
3) movimientos del tronco
4) juegos de piernas

El punching ball se golpea con técnicas de brazos sólo y los golpes deberán ser rápidos, tanto al golpear como al recoger, ya que el balón, con ayuda de los elásticos, al rebotar, podría golpearle si está todavía con la guardia abierta.
Es fundamental golpear al balón alternando los golpes con los desplazamientos, con las esquivas, tanto en el sentido de las agujas del reloj como al contrario.

Nota: los elásticos del punching ball no tienen que estar demasiado tensos, ya que se podría anular el efecto útil del aparato y, por tanto, la oscilación que permite poder esquivarlo, volver a darle golpes y el blocaje.

Punching ball

TÉCNICAS EN EL ESPEJO

Este tipo de entrenamiento tiene el objetivo de perfeccionar la ejecución de los golpes.

Se pueden realizar técnicas sólo de piernas, o sólo de brazos, o incluso técnicas combinadas de piernas y brazos, simulando cambios y amagos como en un combate real.

Sólo se introduce el trabajo en el espejo al final del entrenamiento, porque no somete al atleta a un particular esfuerzo físico.

Tenemos que señalar la eficacia e importancia de este método, ya que, a menudo, los atletas lo juzgan aburrido o incluso inútil, mientras que en realidad es uno de los mejores sistemas para realizar las técnicas.

ESQUEMA DE ENTRENAMIENTO PARA ATLETAS PRINCIPIANTES
(PRIMEROS 8 MESES DE PRÁCTICA)

Ejemplos: 3×2   =   3 series de 2 minutos cada una
              15'   =   15 minutos
              Tab. 1 =   véase tabla nº 1

Actividad	Lun.	Mart.	Mier.	Jue.	Vier.	Sáb.	Dom.
Comba y pelota	2×2	*	2×2	*	2×2	*	
Gimnasia general	20'		20'		20'		20'
Estiramiento de piernas	15'	D	15'	D	15'	D	15'
Power training	15'	E		E		E	
Circuit training					15'		
Saco ligero	2×2	S	1×2	S	2×2	S	
Saco pesado		C	2×2	C		C	
Punching ball	2×2		1×2		2×2		
Repeticiones con velocidad	Tab. 1	A	Tab. 3	A	Tab. 2	A	
Pao	15'	N		N		N	
Figuras con el maestro	10'	S	10'	S	10'	S	
Sombra ante el espejo	2×2		2×2		2×2		
Sparring		O	3×2	O		O	
Guantes		*		*	2×2	*	
Footing (carrera)							20'

141

ESQUEMA DE ENTRENAMIENTO PARA ATLETAS AVANZADOS
(AFICIONADOS, PRINCIPIANTES, 2ª SERIE)

Ejemplos: 3×2 = 3 series de 2 minutos cada una
15' = 15 minutos
Tab. 1 = véase tabla nº 1

Actividad	Lun.	Mart.	Mier.	Jue.	Vier.	Sáb.	Dom.
Comba y pelota	3×2	3×2	3×2	*	3×2	3×2	
Gimnasia general	20'	20'	20'		20'	20'	15'
Estiramiento de piernas	15'	15'	15'	D	15'	15'	15'
Power training	15'			E	15'		
Circuit training			20'			20'	
Saco ligero	2×2		2×2	S			
Saco pesado	2×2			C			
Punching ball		2×2	2×2	A	2×2	2×2	
Repeticiones con velocidad	Tab. 3		Tab. 2			Tab. 1	
Pao		15'		N	15'		
Figuras con el maestro		15'		S	15'		
Sombra ante el espejo	2×2		2×2			2×2	
Sparring	3×2		3×2	O		3×2	
Guantes		3×2		*	3×2		
Footing (carrera)	10'		10'			10'	30'

142

ESQUEMA DE ENTRENAMIENTO PARA ATLETAS SEMIPROFESIONALES
(1ª SERIE)

Ejemplos: 3×2 =   3 series de 2 minutos cada una
                 15'   =   15 minutos
                 Tab. 1 =   véase tabla n° 1

Actividad	Lun.	Mart.	Mier.	Jue.	Vier.	Sáb.	Dom.
Comba y pelota	3×2	3×2	3×2	*	3×2	3×2	
Gimnasia general	20'	20'	20'		20'	20'	20'
Estiramiento de piernas	15'	15'	15'	D	15'	15'	15'
Power training	15'		15'	E		15'	
Circuit training		15'			15'		
Saco ligero	2×2	2×2	2×2	S	2×2	2×2	
Saco pesado	1×2		1×2	C			
Punching ball		2×2	1×2			1×2	
Repeticiones con velocidad	Tab.1		Tab.3	A	Tab.2	Tab.3	
Pao		30'		N			
Figuras con el maestro	15'				15'		
Sombra ante el espejo	2×2	2×2	2×2	S	2×2	2×2	
Sparring	4×2		4×2	O	4×2		
Guantes		3×2		*		5×2	
Footing (carrera)	15'	15'	15'		15'	15'	15'

ESQUEMA DE ENTRENAMIENTO PARA ATLETAS PROFESIONALES

Ejemplos: 3×2 = 3 series de 2 minutos cada una
15' = 15 minutos
Tab. 1 = véase tabla n° 1

Actividad	Lun.	Mart.	Mier.	Jue.	Vier.	Sáb.	Dom.
Comba y pelota	4×2	4×2	4×2		4×2	4×2	
Gimnasia general	30'	30'	30'	30'	30'	30'	30'
Estiramiento de piernas	15'	15'	15'	15'	15'	15'	15'
Power training	15'				15'		
Circuit training			30'				
Saco ligero	3×2	3×2	3×2		3×2		
Saco pesado		2×2	2×2		3×2	3×2	
Punching ball	3×2	3×2			3×2	2×2	
Repeticiones con velocidad	Tab. 3		Tab. 1		Tab. 2		
Pao		20'				20'	
Figuras con el maestro	10'		10'		10'		
Sombra ante el espejo	3×2	3×2	2×2		3×2	2×2	
Sparring	5×2		5×2		5×2		
Guantes		10×2				12×2	
Footing (carrera)	15'			45'			60'

REPORTAJE FOTOGRÁFICO

Giorgio Perreca y Daniele Malori entrenando

Giorgio Perreca ganador muestra el cinturón
mundial. Roma 1993

*Giorgio Perreca y Paolo Trombetti
realizando técnicas para un reportaje
fotográfico. Roma 1989*

*Daniele Malori realizando una técnica
de patada lateral*

*Giorgio Perreca y su equipo durante el himno nacional en el campeonato mundial.
Roma 1990*

Giorgio Perreca en combate. Roma 1993

Giorgio Perreca combatiendo en Spittal. Austria 1984

Giorgio Perreca contra Yotic en los internacionales de Estrasburgo. 1989

Yotic sobre la lona. El árbitro le está contando

148

Giorgio Perreca realizando una patada en salto al saco. Roma 1988

Giorgio Perreca y Daniele Malori entrenando. Roma 1988

Daniele Malori y Massimo Simonini premiados después de una exhibición. Roma 1990

*Daniele Malori y Dominique Valera, uno de los fundadores
de la disciplina del Full Contact, después de una estancia
en Barcelona en 1992*

El training endógeno

El training endógeno es un método de entrenamiento que puede ayudar a conseguir una autorelajación psico-física. Desde hace años ha estado incluido en las preparaciones atléticas, con el objetivo de superar esas fases emotivas que preceden a cada competición deportiva y que, muy a menudo condicionan los resultados de los atletas. Es importante precisar que los ejercicios del T.E. son diferentes a los gimnásticos; estos últimos, de hecho, tienden a resaltar el trabajo muscular. Con el entrenamiento endógeno, sin embargo, se persigue con el autorrelajamiento llegar a una aptitud de indiferencia y pasividad que favorecen un estado de consciencia y lucidez esenciales para la preparación atlética. El T.E. es bastante fácil de aprender pero requiere un empeño particular; su propio nombre "endógeno" aclara algo fundamental: que nace de nosotros mismos y, por tanto, somos nosotros los que debemos determinar, con la fuerza interior, cuáles son los ejercicios a desarrollar:

1) Resaltar la pesadez para llegar a la distensión muscular.
   Cierre los ojos.
   Visualice mentalmente el brazo derecho y diga: "el brazo derecho pesa mucho", repitiéndolo 5 ó 6 veces de forma monótona. Luego pase a hacer lo mismo con el otro brazo, después con la pierna derecha, y luego con la izquierda.
   Cada vez que termine de decir las 5 ó 6 frases sobre una extremidad, añada "estoy totalmente tranquilo" (una sola vez).
2) Resaltar el calor para llegar a la distensión vascular.
   Manteniendo la misma técnica que en el ejercicio anterior, añada la fórmula "el brazo derecho está caliente", repitiéndolo después para el izquierdo, y para las extremidades inferiores.
3) Regulación de los latidos del corazón para llegar a la regulación cardíaca.
   Concentrándose en el ritmo cardíaco, diga: "corazón tranquilo, fuerte y regular" 5 ó 6 veces; después: "estoy totalmente tranquilo" (una sola vez).
4) El ejercicio del plexo solar.
   Con los ojos cerrados, concéntrese en el plexo solar diciendo: "plexo solar inundado de calor" 5 ó 6 veces; luego añada: "estoy totalmente tranquilo" (una sola vez).
5) Ejercicio del frescor sobre la frente.
   Con los ojos cerrados, visualice la frente y diga: "frente ligeramente fresca" 5 ó 6 veces, y luego añada: "estoy totalmente tranquilo" (una sola vez).

Terminación:
El despertar se hace de forma progresiva, abrir los ojos y mover lentamente los dedos, después articular los brazos y las piernas para pasar después a una posición sentada, y al final, levantarse.

Para concluir, hay que recordar dos cosas muy importantes.

1) Para obtener buenos resultados con el T.E. se debe practicar todos los días con un mínimo de dos series.

2) Para facilitar los ejercicios, se pueden crear mentalmente situaciones favorables para realzar las sensaciones de pesadez, de calor y de frescor. Pongamos algunos ejemplos:

Para la pesadez:
Imagine que la extremidad se hunde en el suelo, o que la extremidad es de plomo.

Para el calor:
Imagine un calentador cerca de la extremidad, o la sensación de tener una bolsa de agua caliente encima.

Para el frescor:
Tener la imagen de que una corriente de aire está pasando sobre la frente.

EJERCICIOS DE TRAINING ENDÓGENO

Las posiciones que se adoptan suelen ser dos: la denominada de cochero (posición sentada), y la de boca arriba. Esta última es la más indicada porque permite una mayor relajación y evita cualquier tensión muscular. Túmbese sobre una colchoneta, con los hombros y el tronco relajados y los brazos ligeramente flexionados con las palmas de las manos hacia abajo (dedos relajados). Las piernas tienen que estar relajadas, con los pies en posición natural, es decir, sueltos hacia el exterior. El lugar donde se desarrolle la sesión ha de ser silencioso y la luz tiene que ser tenue. Por lo menos al principio. Sucesivamente, después de haber aprendido bien los ejercicios, puede hacerlos también en otros ambientes; al aire libre, en el gimnasio, o en cualquier lugar donde pueda tumbarse.

Antes de empezar los ejercicios, el atleta tiene que estar tranquilo y en distensión total mediante una respiración lenta y profunda.

Traumatismos en el deporte

Los traumatismos son las lesiones que se originan en los distintos tejidos orgánicos después de una acción mecánica, normalmente violenta, de naturaleza extrínseca o intrínseca, única o repetida.

La acción mecánica que determina el efecto traumático puede ser de naturaleza muy variada; pero, por muy compleja que ésta pueda ser, se reduce esencialmente a cuatro elementos: flexión, torsión, presión y tracción, ya sea de forma aislada o en varias composiciones entre ellos.

FRECUENCIA DE LAS LESIONES EN EL DEPORTE

La contusión es una compresión más o menos violenta y circunscrita, cuya importancia depende del grado de la contusión misma. Las contusiones pueden originarse en cualquier tejido u órgano; las más frecuentes son seguramente las de las partes blandas superficiales, de las que tratamos en este capítulo; en éstas, la piel y la zona subcutánea sufren una acción violenta sin que exista una incisión o corte (como sucede en cambio en las heridas).
Las contusiones pueden ser de primer, segundo o tercer grado.
El primer grado de contusión es el edema (es decir, la hinchazón), con eritema (es decir, enrojecimiento), que son la consecuencia del aumento de la permeabilidad de los vasos capilares que se quedan paralizados por el efecto del golpe y se dilatan, dejando pasar más cantidad de líquido a los tejidos.
El segundo grado se da cuando la violencia del golpe es tal que causa la rotura de pequeños vasos capilares y dejan salir sangre. Ésta puede infiltrarse en los tejidos de alrededor, produciendo un cardenal. O, si la cantidad de sangre que sale es mayor, y las condiciones locales son favorables, se formará un hematoma, hinchazón dolorosa debida a una acumulación de sangre.
Si la violencia del golpe es tal que rompe los tejidos (especialmente cuando la piel está adherida al hueso, como en las espinillas), nos encontraremos en el tercer grado de las contusiones y, por tanto, la necrosis o muerte del tejido; la zona golpeada se volverá de color marrón negruzco, seca como una costra y poco a poco será eliminada por los tejidos de alrededor que, después, recubrirán la parte muerta descubierta con nuevo tejido.

Si la acción de la contusión se repite en el mismo lugar y con violencia limitada, se puede originar un espesamiento fibroso endurecido de las partes golpeadas. Esto es debido a la reacción de los tejidos irritados y a la posible transformación en tejido conjuntivo de la sangre vertida. Ésta es la característica anatómica de las contusiones repetidas, de efecto acumulativo, tan frecuentes en la práctica del kick boxing, pero sobre todo en el Thai Boxing. El tratamiento es simple: 1) desinfección de la piel de la zona interesada mediante lavado con agua y jabón, seguido de la aplicación de alcohol; 2) disminución de la congestión local y corte de la hemorragia en los tejidos poniéndolos en reposo, en posición elevada, si la parte dañada es una extremidad, y, en cualquier caso, aplicación local de frío.

HERIDAS TÍPICAS

Las heridas típicas en este deporte son más bien raras. La más común en el kick boxing, como también en el boxeo, es la herida de la ceja que, por desgracia, constituye una de las causas más comunes que hacen parar el combate para la intervención médica. En realidad, ésta no es tan peligrosa o grave como podría hacer pensar la abundante sangre que inunda la cara del combatiente, que le impide a menudo proseguir la acción. Lo cual está motivado por el hecho de que la sangre se introduce en el ojo e impide la visión. Estas heridas son producidas por los golpes, pero muy a menudo por los cabezazos, sobre los que el árbitro tiene que decidir si son voluntarios o no. Éstas, por tener el aspecto de una herida por corte, son el efecto de una contusión provocada, en nuestro caso, por el hueso de la órbita, que es en algunas personas muy prominente.
El tratamiento de la herida por parte del médico consiste en:
1) detención de la hemorragia con medios quirúrgicos;
2) lavado de la herida y esterilización de ésta y de la región circundante antes de rasurar las cejas y lavar con agua y jabón.
3) posible sutura con hilo de seda, nylon o con grapas metálicas con el objetivo de obtener una cicatrización del corte.

DISTENSIÓN MUSCULAR

Las lesiones musculares por distensión pueden ser de dos tipos: agudas o crónicas, las primeras son provocadas por la acción mecánica violenta, como un tirón; las segundas son como consecuencia de la repetición de acciones mecánicas leves, con efecto acumulativo (mio-entesitis).
Las distensiones musculares se originan por un aumento violento de la tensión muscular fisiológica; se da entonces, como en un elástico demasiado tensado de repente, la rotura de la fibra.
La rotura puede ser total o parcial; puede ser de la parte carnosa del músculo o del tendón; puede darse sobre el músculo que se contrae, o sobre el antagonista, que no se relaja en el momento oportuno.
Esto puede suceder por tres causas fundamentales: el cansancio, la falta de entrenamiento o el ambiente frío-húmedo.

154

LA FALTA DE ENTRENAMIENTO

La lesiones se producen cuando una persona que no tiene un hábito continuado de práctica deportiva intenta compensar la falta de técnica con una mayor potencia y añadir un impulso voluntario repentino a la descarga motora normal, algo para lo que todavía no está entrenada.

EL AMBIENTE FRÍO-HÚMEDO

Éste es también un factor importante de predisposición a las lesiones, ya que el frío dificulta el flujo de sangre a los músculos por la vasoconstricción de los capilares.

Existen varios grados de rotura muscular por distensión: desde el grado más simple, hasta aquel en el que todo el músculo está afectado por la lesión.

Las lesiones de este tipo sólo se pueden curar formando un tejido conectivo que, infiltrándose en el coágulo, entre los dos extremos, forme una masa de cicatrización sólida, pero no elástica, y que no tenga la posibilidad de contraerse; esto es debido a que un músculo que se ha roto se queda para siempre como un músculo funcionalmente disminuido (como un elástico roto que se ha arreglado con un cosido).

La cura de una distensión muscular puede ser médica o quirúrgica. La primera está reservada para lesiones de menor entidad, y la segunda, a las roturas musculares propiamente dichas.

El tratamiento médico consiste, en la mayor parte de los casos, en cuatro fases:

1ª Fase: en las primeras 24-48 horas después del trauma, el reposo completo de la parte lesionada y el enfriamiento (con hielo o parches fríos) son de rigor;

2ª Fase: dura alrededor de una semana, del 2º al 9º día; debe de estar dedicada a la cura fisioterapéutica;

3ª Fase: va del 9º al 16º día y durante este período se practicará masaje y ejercicio funcional;

4ª Fase: vuelta a la actividad: sólo en este punto ha llegado el momento de permitir la vuelta muy lenta y progresiva al ejercicio deportivo.

DISTORSIONES Y LUXACIONES

Son lesiones que se originan en las articulaciones cuando éstas realizan, activa o pasivamente, un movimiento que sobrepasa los límites normales de movilidad, que en la articulación están determinados por su estructura anatómica. Las más frecuentes en el kick boxing son las de la rodilla y las del hombro.

KNOCK-OUT CAROTÍDEO O GOLPE EN LA MASTIODES

Bajo esta definición se especifica un golpe poco común porque, a diferencia del k.o. normal, la técnica que lo determina afecta de forma retardada cuando el atleta es golpeado de repente en la región latero-cervical por debajo del ángulo de la mandíbula; el atleta continúa todavía durante algunos segundos en acción, como si no tuviese ningún efecto el golpe; después se agacha lentamente perdiendo la consciencia. El estado de inconsciencia es, en general, breve; si se le pregunta al atleta dirá que ha sentido que las fuerzas le han abandonado lentamente, como en un desmayo, sin vértigos y sin cefalea. Estos síntomas, tanto subjetivos como objetivos, son completamente diferentes a los que se dan tanto en el k.o. en el mentón como en el k.o. cerebral; en la práctica, este k.o. está causado por una presión, obviamente producida por el golpe, sobre el seno carotídeo, que causa una momentánea bradicardia, vasodilatación y bajada de tensión, con el consiguiente desmayo.

LESIONES ÓSEAS Y FRACTURAS

Estos traumatismos son bastante raros en el kick boxing. Sin embargo, existe una predisposición en algunas partes del cuerpo: los llamados traumatismos típicos debidos al tipo de disciplina practicada.
En nuestro caso, los más comunes son la fractura de los cartílagos condrocostales, la del metacarpo (huesos de la mano), la del metatarso (huesos del pie) y la de los huesos de la nariz.
Hay que especificar, de todas formas, que, muy a menudo, este tipo de lesiones ocurren por negligencia del alumno o del maestro, sobre todo en lo que se refiere a las lesiones de las manos y de los pies. El método de entrenamiento con un programa correcto por parte del maestro puede ayudar a una ejecución más segura de los golpes y, por tanto, a disminuir la posibilidad de traumatismos. También, por parte del atleta, la atención a la justa contracción del golpe en el momento del impacto es fundamental para no correr el riesgo de golpear con el pie relajado o con la mano semiabierta.

Consejos dietéticos

Una buena dieta, correctamente integrada, es un punto fundamental en la preparación de un atleta.

Por experiencia propia, tanto como exatleta como por maestro, puedo decir que, a menudo, en los deportes de combate, muchos atletas llegan al desarrollo atlético con carencia de glucógeno y con una leve debilitación orgánica favorecida por el sobreentrenamiento.

En el kick boxing, deporte en el que tenemos categorías por pesos, es fundamental que el atleta llegue al peso correcto por lo menos 70 horas antes del pesaje, de forma que no esté obligado a someterse a prácticas de rebaje demasiado drásticas, como una larga sauna o la evacuación forzada que, por desgracia, realizadas algunas horas antes, debilitan e influyen negativamente en el rendimiento.

La alimentación equilibrada con el justo aporte glucido-protídico, ayuda al kick boxer a tener suficiente energía para gastar (carbohidratos) en el gimnasio, sin tener por ello que variar su peso.

El pan y la pasta tienen que estar siempre presentes en la dieta del atleta, y también en la dieta hipocalórica de quien tiene un exceso ponderal, por lo que para reducir las reservas energéticas de los componentes adiposos (grasa corporal) necesita utilizar los carbohidratos como iniciadores del catabolismo de las grasas, sin incurrir en acetosis sistémica con formación de cuerpos cetónicos.

En los regímenes de restricción dietética se tiene que evitar totalmente los condimentos grasos, las grasas animales y los quesos.

Los quesos, aun siendo un buen alimento, tienen por definición un alto contenido graso; de todas formas, la exclusión del queso en la dieta puede hacer que surja una carencia de calcio en el atleta; siendo el calcio un elemento importantísimo para la contracción muscular, es, por tanto, útil usar suplementaciones del mismo.

Un buen complemento en las dietas hipocalóricas para perder peso es la carnitina en una cantidad de dos gramos por día. El kick boxer puede encontrar una buena ayuda en este "mensajero" metabólico que, favoreciendo la degradación de los triglicéridos, aporta energía al organismo en un régimen calórico reducido.

Para un atleta de kick boxing, los carbohidratos deben ser un 60% del aporte calórico alimentario; el resto debe ser dividido entre prótidos, el 25%, y lípidos, el 15%.

Eliminar los lípidos es perjudicial para el trofismo celular. Además, algunas vitaminas, como A,D,E,K, son absorbidas sólo en presencia de lípidos.

Otro consejo que atañe a los kick boxers es el de no exagerar el aporte proteico en la dieta; el kick boxing tiene un fuerte componente anaeróbico lactácido. El sistema anaeróbico lactácido parte de la fosforización del glucógeno para llegar a la formación de ATP y ácido láctico.

Glucógeno $\rightarrow$ Glucosa 1 - Fosfato $\rightarrow$ ..... $\rightarrow$2 ácido láctico+
2ATP (complejo energético)
Energía muscular

Éste no es el lugar para extenderse en los procesos bioquímicos, pero me gustaría insistir nuevamente sobre la importancia de los azúcares en las vías metabólicas típicas de los deportes de combate. Una dieta con carencia de carbohidratos y demasiado rica en prótidos alarga el tiempo de recuperación, intoxica el hígado y produce acidosis en la sangre.

LOS AMINOÁCIDOS RAMIFICADOS: UN BUEN SUPLEMENTO PARA EL KICK BOXER

Existen ocho aminoácidos no sintetizables por el organismo humano a través de las vías metabólicas normales, que son: leucina, isoleucina, valina, lisina, metionina, fenilalanina, treonina y triptófano.

Estos aminoácidos deben suministrarse al organismo con una correcta alimentación rica en proteínas "nobles".

Para los deportistas, y para quienes tiene problemas de debilidad física, es importante completar el perfil de aminoácidos de las comidas desde el punto de vista cualitativo. Un adecuado aporte de aminoácidos es particularmente útil en las dietas hipocalóricas en las que hay una reducción de las proteínas alimentarias.

Los BCAA (leucina - isoleucina - valina) son aminoácidos esenciales dotados de una movilización metabólica muy rápida. Éstos son la cuota principal de los aminoácidos que circulan y que se usan después de una comida proteica. La principal característica es que no se transforman en el hígado como los demás aminoácidos, sino que pasan inalterados el filtro hepático para alcanzar, a través de la sangre, los órganos que los metabolizan y los utilizan.

Los músculos pueden utilizar directamente los BCAA como sustrato anabólico; de hecho, con el ejercicio físico se da la inducción de las enzimas desidrogenadas y transaminasas que catalizan los BCAA.

Los BCAA estimulan la síntesis de las proteínas musculares, tanto de las fibrilares como de las sarcoplasmáticas (anabolismo) e inhiben la degradación, hecho que restablece el equilibrio de los aminoácidos. Los músculos, durante el ejercicio físico, tienen una necesidad constante de aporte de dos sustratos: alanina y glutamina.

Los BCAA promueven la cesión de los grupos NH_2 para la transaminación con el α-cetoglutarato.

El carburante necesario para el movimiento muscular es la glucosa. Con una carga de trabajo intenso se pierden las reservas de glucógeno, y entonces interviene la neoglucogénesis, con la que se produce glucosa nueva. La clave de este proceso es el ciclo de la glucosa-alanina: la alanina producida en el músculo con las proteolisis y el aumento de disponibilidad de BCAA se desamina en el hígado para formar ácido pirúvico, que forma glucosa; captada por el músculo, usándola con un objetivo energético, reconvirtiéndola otra vez en ácido pirúvico y alanina.

Durante el esfuerzo muscular intenso se produce también NH_3. Los BCAA desarrollan una actividad desintoxicante estimulando la utilización y la eliminación de los radicales aniónicos de la glutamina que transporta el amonio. El uso clínico de los BCAA en los últimos años se ha propuesto en la cirrosis hepática por su acción desintoxicante; de hecho, encontramos formulaciones médicas registradas con tales acciones terapéuticas.

En fin, puedo afirmar, por los estudios efectuados sobre los BCAA, que pueden estar indicados como suplementos para la dieta de los atletas que practican cualquier actividad deportiva. Los métodos de suministración y la cantidad varían dependiendo de la intensidad del trabajo y del peso corporal del sujeto interesado.

En particular en el kick boxing, un atleta que no tenga necesidad de aumentar su masa muscular, debería tomar 0,5 g por cada 10 kg de peso corporal, fraccionando la dosis entre desayuno, comida y cena.

Doctor Davide Incarbone
Químico y Técnico Farmacéutico
Revisión de la edición española: *Dr. Muñoz Soler*

Bibliografía

Biochimica, Albert L. Lehninger - Ed. Zanichelli
Modern Nutrition In Health and Disease, Goodhart - Shill - Ed. Cea Fabinger

VALORES DE LOS PRINCIPALES NUTRIENTES PRESENTES EN LOS ALIMENTOS

Todos los valores se refieren a 100 g de sustancia comestible, después de la retirada de posibles residuos.

Alimentos		Calorías	Agua	Prótidos	Lípidos
Cereales	harina de trigo	353	11,0	12,0	5,0
y	harina de arroz	354	12,3	7,6	1,7
derivados	harina de maíz	354	13,5	9,5	4,4
	pan	255	35,0	7,0	0,8
	biscotes	362	0,0	10,0	2,5
Carnes	ternera	168	69,0	19	10
	cerdo	290	56,0	16	25
	vaca	250	60,0	17	20
Aves	pavo	268	58,0	20	11-20
y	pollo	150	68,0	21	7-10
huevos	huevos	162	74,0	13	12
Leche	leche de vaca	68	87,5	3,5	3,9
y	yogur	45	90,0	3,4	1,5
derivados	mozzarella	265,5	61,0	16,9	22,0
	gruyere	391	34,0	29,0	30,0
Pescados	trucha	94	74,0	16-20	2-4
	atún	225	59,0	27,0	13,0
	merluza	107	54,0	26,0	0,4
Legumbres	zanahoria	42	88,0	1,2	0,3
y	col	28	93,0	1,4	0,2
verduras	lechuga	18	94,0	1,2	0,2
	patata	86	76,0	2,0	0,1
	guisantes	92	74,0	6,0	0,4
	tomate	22	93,0	1,0	0,3
	judías	330	12,0	19,0	1,5
	pimientos	62	80,0	2,0	1,5
Fruta	cacahuete tostado	600	2,6	27,0	44,0
	plátano	90	75,0	1,4	0,5
	cereza	77	80,0	1,2	0,5
	dátil	306	20,0	2,2	0,6
	nuez	660	3,3	15,0	60,0
	nuez de coco	370	46,0	4,0	35,0
	aceituna verde	200	70,0	0,7	15-25
	naranja	44	87,0	0,7	0,2
	pera	61	93	0,4	0,4
	manzana	52	84,0	0,3	0,35
	uva	81	81,0	1,0	1,0
Grasas	mantequilla	761	14,0	0,8	84
	mantequilla de coco	886		1,0	98
	grasas animales	778		1,0	86
	grasas vegetales	900			99

Glúcidos	Celulosa	Elementos min.	Vitaminas
65	0,0	K.P.	PP.B
77	0,2		PP.B
69	2,2	P.K.	B y C
55	0,31		
56	0,0		
0,5	0	K	B
0,5	0	S.K.	B
0,5	0	S.P.	B
0	0	S.P.K.	B
0	0	S.P.K.	B
0,6	0	S.P.K.	B
4,6	0	P.Ca. Cl. K	C.B.A.D.
0	0	Ca	B.A.
0	0	Ca.Fe	
1,5	0	P.Ca	
0	0	S.P.K.	C.B.
0	0		
0	0	S.P.	A
9,0	1,1	K	C.B.
4,3	1,0	K	C.B.
2,9	0,6	K	C.B.
19,0	0,5	K	C.B.
16,0	2,2	K.P.	C.B.
4,0	0,6	K	C.B.
60,0	4,0	S.P.K.Mg	B
10,0	–	K	C.B.
23	2,4	K.S.P.	B
20	–	Cl.K.	CB.D.
17	0,3	K	C.B.
73	–	Cl.K	B
15	2,4	P.K.Mg.	C.B.
10	3,5	K. Cl.	C.B.
8	–	Cl.K.Ca.	B
9	0,8	K	C.B.
14	–		C.B.
12	–		C.B.
17	0,2	K	C.B.
0,5		K	A.D.
0			

Intente elegir alimentos sanos y naturales. Acostúmbrese a leer las etiquetas de lo que compre y descarte aquellos alimentos que contengan azúcar o aditivos. Por ejemplo, cuando compre el pan, elija el de harina integral. El arroz integral es muy bueno, al igual que los cereales integrales. Compre huevos frescos; si quiere queso, elíjalo entre las variedades producidas con leche descremada o con bajo porcentaje de grasa. Las carnes y las aves deberán ser elegidas de animales criados sin hormonas. Quite la piel y otras partes grasas antes de cocinarlas. Intente consumir pescado, crustáceos y mariscos varias veces a la semana en lugar de carne roja. El pescado es una buena fuente de proteínas y aminoácidos. Además, es pobre en grasas y calorías. Para hacer una merienda ideal están las frutas y las verduras, ricas en fibras, celulosa y vitaminas. Tome bebidas naturales. Nada es mejor que el agua, incluso la mineral con bajo contenido en sodio. Si le añade una rodajita de cidra o limón obtendrá una deliciosa bebida sana y refrescante. Las infusiones de hierbas purifican y refrescan, pero procure no tomar té o café, que no deberán nunca aparecer en su alimentación cotidiana.

ALIMENTOS PARA UNA DIETA SANA

– Agua mineral natural
– Huevos
– Pescado
– Pavo (las partes blancas sin piel)
– Pollo (las partes blancas sin piel)
– Pan y cereales integrales
– Verduras frescas
– Fruta fresca

ALIMENTOS QUE DEBE EVITAR

– Alimentos industriales, confeccionados con aditivos y conservantes
– Lácteos
– Azúcar
– Harinas y cereales refinados y sus derivados (harina blanca, arroz refinado, etc.)
– Bebidas alcohólicas
– Té

POCAS GRASAS, POCAS ALERGIAS, RÁPIDA PÉRDIDA DE PESO

A continuación, encontrará un programa alimentario que le servirá como base. Viendo la forma en la que los distintos alimentos se alternan en ciclos de 4 días, estará capacitado para realizar su propio programa, recomendándole que siga los mismos criterios de rotación. Repetimos: el menú que aparece a continuación es *sólo un ejemplo* de las infinitas combinaciones alimentarias posibles.

Este tipo de régimen estabiliza los niveles de azúcar en la sangre, reduce los riesgos de reacciones alérgicas y favorece una rápida pérdida de peso. Se trata de un programa alimentario perfectamente equilibrado, suministra carbohidratos complejos, proteínas y una pequeña cantidad de grasas en cada comida.

El azúcar refinado es un auténtico veneno para su organismo y debe ser eliminado del cuadro de alimentación sana. Sin este astuto estimulador del apetito se encontrará preparado para no sentir tanto deseo por los dulces.

Hemos eliminado también el alcohol porque suministra calorías "vacías" que no aportan ningún principio nutritivo y porque favorece la retención de líquidos.

También se prohíben todos aquellos alimentos que desencadenan alergias en un alto porcentaje en los adultos. Por ejemplo, el programa no prevé el consumo de lácteos porque provocan fenómenos alérgicos en muchas personas que se someten a la prueba de alergias alimentarias.

Si piensa que puede sufrir alguna alergia oculta, le aconsejamos que pruebe el régimen de rotación de los alimentos durante 12 semanas, cada 4 días. A medida que se vaya volviendo más sensible hacia su organismo y sus reacciones, empezará a identificar cuáles son los alimentos que le hacen daño y a eliminarlos de su dieta.

MENÚ ORIENTATIVO. DURACIÓN: 4 DÍAS

1ᴱᴿ DÍA

Desayuno:	1/2 pomelo fresco 1 tostada de pan integral 1 huevo
Comida:	120 g de filete de lenguado (a la plancha sin condimentos) 1 ración de judías verdes 1 ración pequeña de ensalada mixta (lechuga y tomate) condimentada con zumo de limón (o vinagre) y finas hierbas Agua, agua mineral (baja en sodio), café, té 90 g de piña fresca
Cena:	1 ración de espárragos cocidos al vapor 120 g de ternera 1 patata al horno (pequeña) 1 racimo pequeño de uvas Agua, agua mineral (baja en sodio), café, té Beba por lo menos 6 vasos de agua en el transcurso del día. No beba más de 2 tazas de café o té.
Merienda:	1 pieza de fruta mediana

2º DÍA

Desayuno:	1/2 papaya 60 g de copos de centeno endulzados con una cucharadita de miel
Comida:	100 g de atún 1/2 galleta de centeno integral 120 g de espárragos mostaza 1 ración de fresas
Cena:	Ensalada hecha con 1/4 de aguacate (pequeño) y 150 g de champiñones cortados y condimentada con vinagre 120 g de hígado a la plancha 1 ración de coles de Bruselas 120 g de cerezas, ó 2 ciruelas
Merienda:	Semillas de melón, que se pueden adquirir en los herbolarios (compruebe en la etiqueta que no contenga más de 50 calorías)

3ᴱᴿ DÍA

Desayuno: 1 pera de tamaño medio
               120 g de cereales
               Canela
               1 torta de arroz

Comida: 120 g de pechuga de pollo asado con finas hierbas
               120 g de guisantes
               1 ración de ensalada de berros
               120 g de mandarinas

Cena: 120 g de pescado blanco al horno y condimentado con finas
                 hierbas
               1 ración de arroz integral
               1 porción de zanahorias cocidas
               1 kiwi de tamaño medio

4° DÍA

Desayuno: 1 naranja de tamaño medio
               60 g de copos de avena cocidos y cubiertos de uvas pasas
                 y semillas de girasol

Comida: Pavo asado
               1 tortilla de maíz, escaldada al horno y recubierta con 120 g
                 de pechuga de pavo
               Col en trozos
               Rabanillos
               Tomates
               Calabacines
               30 g de salsa de chili (sin conservantes)
               1 melocotón de tamaño medio

Merienda: 2 tazas de palomitas de maíz sin mantequilla, condimenta-
               das con finas hierbas y especias

Le sugerimos que tome los suplementos alimentarios en las comidas.

VITAMINAS Y SALES MINERALES

El organismo necesita tanto vitaminas como sales minerales para funcionar bien, resistir a las enfermedades y a las infecciones y contrarrestar los efectos de un estrés excesivo. Las vitaminas y las sales minerales son principios nutritivos que se encuentran naturalmente en las sustancias alimentarias orgánicas. Una dieta equilibrada, rica en alimentos naturales integrales, es probablemente la mejor garantía para la mayoría de nosotros. Pero, ya que la mayoría de la fruta y de la verdura que consumimos se cultiva en campos pobres en minerales y tal vez tratados con productos químicos, hormonas y otras sustancias que destruyen sus beneficios naturales, le sugerimos que utilice suplementos de vitaminas y sales minerales.

De todas formas, antes de decidir tomar cualquier tipo de suplemento alimentario, tendrá que hacerse análisis completos y exhaustivos de sangre y minerales (se hacen con el pelo). También sería útil un registro de sus costumbres alimentarias para determinar con precisión las eventuales carencias. Recuerde que aumentando la toma de alimentos naturales ricos en determinados principios nutritivos, sus carencias pueden controlarse. Algunas pruebas de alergias alimentarias han demostrado que mucha gente es alérgica a la levadura, a los cereales y al grano, alimentos de los cuales derivan muchos suplementos vitamínicos en el mercado. Cuando una persona es alérgica a estos alimentos, no obtiene un total beneficio de estos suplementos. Sin embargo, hoy también hay en el mercado suplementos vitamínicos hipoalergénicos. Si tiene dudas sobre sus necesidades, escoja un complejo de suplementos vitamínicos: normalmente es una buena elección. Las cantidades vienen determinadas por los expertos en bioquímica y resultan bien equilibradas.

Toma diaria

Aconsejada	Media	Bajo esfuerzo
Vitamina A	10.000 IU	25.000 IU
Vitamina D	400 IU	400 IU
Vitamina C	1.000 IU	2.000 IU
Vitamina E	800 IU	1.000 IU
Vitamina B_1	100 mg	150 mg
Vitamina B_2	100 mg	150 mg
Vitamina B_6	200 mg	250 mg
Vitamina B_{12}	300 mcg	300 mcg
Niacina o niaciamido	100 mg	200 mg
Ácido pantoténico	100 mg	300 mg
Ácido para-amino-benzoico	75 mg	250 mg
Colina	100 mg	200 mg
Inositol	100 mg	200 mg
Ácido fólico	400 mcg	400 mcg
Biotina	100 mcg	100 mcg
Calcio	1.000 mg	2.000 mg
Magnesio	800 mg	1.500 mg
Potasio	200 mg	500 mg
Fósforo	150 mg	150 mg
Hierro	20 mg	20 mg
Yodo	20 mg	20 mg
Cobre	2 mg	2 mg
Cinc	25 mg	50 mg
Manganeso	20 mg	50 mg
Cromo	750 mg	750 mg
Selenio	100 mcg	100 mcg
Beatina HCG	100 mg	200 mg
Pepsina	50 mg	100 mg
Bromelina	50 mg	50 mg
Extractos pancreáticos	50 mg	100 mg
Proteasas	100 mg	300 mg
Amilasas	25 mg	50 mg
Lipasas	25 mg	50 mg

Otros libros publicados por **TUTOR:**

Kick Boxing. GIORGIO PERRECA Y DANIELE MALORI
> Todo sobre la preparación física necesaria, las técnicas (bloqueo, esquivas, ataques); y las tácticas (en qué manera, cómo y cuándo el atleta deberá dirigir sus golpes) para el combate. 320 fotografías.

Boxeo Tailandés. Muay Thai. MARCO CESARIS
> Escrito por una de las máximas autoridades de este arte, ilustra sobre todas las técnicas preparatorias para el combate (Wai Khruu y Ramm Muay), los métodos de entrenamiento de los combatientes profesionales tailandeses y las técnicas fundamentales. Más de 250 fotografías.

Ju-Jitsu para todos. COSIMO COSTA
> Manual práctico que le guiará en el fácil aprendizaje de este arte marcial; Introducción histórica-técnica-didáctica; Técnicas de defensa; Fundamentos para perfeccionar las técnicas; Ejercicios de defensa libre, etc. 160 ilustraciones y 450 fotos.

Bubishi. La Biblia del kárate. Según la edición inglesa de PATRICK MCCARTHY
> Realizado tras una concienzuda investigación este texto de Bubishi al que el famoso maestro Chojun Miyagi se refería como "la Biblia del kárate" fascinará incluso al lector más entendido en la materia. Es un minucioso estudio que resulta comprensible para el lector moderno, sin perder un ápice de la ancestral sabiduría de esta antigua obra.

Kárate desconocido. ENZO MONTANARI
> Enzo Montanari ha accedido al conocimiento de las técnicas secretas más valoradas de defensa personal de los antiguos maestros que, hasta ahora, habían permanecido ocultas como tesoros preciosos, y vuelca en este libro el resultado de sus investigaciones. Incluye 220 ilustraciones y fotografías.

Enciclopedia del Kung-fu. Shaolin. (3 volúmenes).
CHANG DSU YAO Y ROBERTO FASSI
> Una fabuloso estudio del famoso método de lucha del Templo Shaolin, base de todas las Artes Marciales. Los autores cuentan su historia, explicando cómo es el alma de China y el espíritu profundo de las Artes Marciales. Además todos los argumentos importantes que convergen en las técnicas, tanto de manos desnudas como con armas son tratadas en detalle e ilustradas. Cada volumen cuenta con unas 500 fotografías.

Power Stretching. Estiramientos aplicados a las artes marciales.
EDOARDO ROSSO.
> El stretching le permitirá mejorar su flexibilidad, evitar tirones musculares, disminuir la carga de las articulaciones, alcanzar una perfecta coordinación, etc. 240 fotografías.